자주 감동받는 사람들의 비밀

감동에 빠진 순간, 우리 몸에서 일어나는 놀라운 변화

사라 함마르크란스 · 카트린 산드베리 지음 | 김아영 옮김

자주 감동받는 사람들의 비밀

📖동양북스

그대가 자신의 삶이라는 모험에 매료되지 않았다면
과연 무엇이 그대를 매료시킬 수 있을까?

_ 메리 올리버

차례

| 1장 |
감동이란 무엇인가?
삶의 고통을 무찌르는 가장 아름다운 힘

| 2장 |
감동에는 어떤 힘이 있을까?
자주 감동할수록 특별해지는 9가지 능력

| 3장 |
자연이 주는 감동
노을, 바다, 숲이 가진 치유의 힘

| 4장 |
사람이 주는 감동
평범한 사람들의 경이로운 선택과 행동

| 5장 |

탁월함이 주는 감동
극한을 뛰어넘는 재능과 전문성

| 6장 |

예술이 주는 감동
삶을 뒤흔드는 예술적 황홀함

| 7장 |

공동체 의식이 주는 감동

하나로 연결되어 있다는 희열감

| 8장 |

평생 호기심을 유지하는 법

감동과 호기심의 상관관계에 대하여

| 9장 |

같은 길을 걸어도 다른 세상을 보는 법

일상 속에서 할 수 있는 감동 훈련법

| 10장 |
미래 기술과 감동의 결합
더 나은 세상을 위한 감동 활용법

당신은 감동의 힘을
과소평가하고 있다

나뭇잎을 따라 햇살이 쏟아져 내린다. 유칼립투스 나무 아래에는 그늘이 한 점도 없다. 청록색의 질긴 잎이 바람에 흔들리며 햇빛을 향해 몸을 굽힌다. 페퍼민트와 흡사한 옅은 향이 난다. 나뭇잎 사이로 푹신해 보이는 흰 구름이 흘러가고 있다. 캠퍼스 교정에 있는 유칼립투스 나무들은 북아메리카 지역에서 가장 키가 큰 종이라고 한다. 높이가 대략 60미터가량으로 그 광경이 압도적이다.

　나무 아래에는 한 그룹의 학생들이 서 있다. 학생들은 머리를 뒤로 젖히고 나무를 올려다보고 있다. 한편, 다른 그룹의 학생들은 나무를 등지고 칙칙한 학교 건물을 바라보고 있다.

두 그룹의 학생들은 모종의 실험에 참여하고 있으며 1분 동안 각각 나무와 건물을 관찰하라는 지시를 받았다.

그때 누군가가 설문지와 펜을 한 아름 안고 학생들 쪽으로 걸어오다가 발을 헛디뎌 펜을 떨어뜨린다. 실험 참가자 여럿이 달려가서 그 사람을 도와주지만 이 역시 실험의 일부라는 사실은 전혀 눈치채지 못한다. 과연 어떤 그룹의 학생들이 더 많이 도와주러 달려갔을까? 아름다운 나무를 올려다보고 있던 학생들이었다. 이들에게는 어떤 공통점이 있었을까? 바로 감동을 경험했다는 사실이다.

실험 결과, 감동을 경험한 사람들은 자신을 작은 존재라고 여기며 자신에게 덜 집중했다. 또한 윤리적인 결정을 내리는 경향이 두드러졌으며 어떤 일에 대해 자신에게 그만한 권리가 있다고 생각하는 특권 의식도 내려놓을 줄 알았다. 게다가 건물을 보고 있던 실험 그룹보다도 더 낮은 액수의 보상을 원했다.

연구자들은 감동과 친사회적인 행동 사이에 뚜렷한 연결고리가 있다고 판단했다. 1분 정도의 아주 짧은 시간이었는데도 감동이 이토록 유의미한 영향력을 발휘한다니 놀랍지 않은가?

무엇과도 대체할 수 없는 특별한 것

감동은 여러 형태로 찾아온다. 석양을 보면서 숨을 삼킬 때, 쌀쌀한 겨울날 웅장한 산꼭대기를 볼 때, 엄청나게 높이 뛰어오르거나 아주 빨리 달리는 사람 혹은 무거운 물건을 번쩍 들어 올리는 사람을 보고 놀랄 때, 그레타 툰베리Greta Thunberg의 열정이나 달라이 라마Dalai Lama의 따뜻한 마음에 영감을 받을 때, 자신의 기분을 한껏 끌어올려주는 좋아하는 음악을 들을 때, 축구 경기장이나 콘서트장에서 다른 사람들과 하나가 되었을 때도 찾아온다. 갓 태어난 아기의 눈을 들여다볼 때, 어른이 되어 결혼하는 자녀를 바라볼 때도 마찬가지다. 감동은 아름다운 것에, 불가능한 것에, 거대한 것에, 또한 자그마한 것에 그리고 사람들의 인식 범위를 확장시키는 모든 것에 깃들어 있다. 시인 보딜 말름스텐Bodil Malmsten, 스웨덴의 시인 겸 소설가의 표현을 빌리자면 '맙소사^{1000}'인 셈이다.

굉장히 강렬한 경험이지만 이때 느낀 감정에 대해 콕 집어 말하기는 어려울 것이다. 감동은 자명한 것과는 다소 거리가 있다. 이 책을 쓰는 동안 감동이 무엇인지 정확하게 알고 있다는 사람들을 많이 만났지만 이야기를 나누다 보면 하나같이 "그래서 감동이 대체 뭐지?"라고 되물었다.

대체 감동이란 뭘까? 진짜로 어떤 것일까? 우리는 감동을 경험하기 위해, 그 고양된 감정이 왜 기분을 좋게 만드는지 알기 위해 많은 시간 동안 논의를 거듭했다. 감동에 대해 연구하면서 이 유일무이한 감정이 사람들에게 다른 어떤 것으로도 대체할 수 없는 특별한 무언가를 준다는 사실을 깨달았다. 감동은 장점으로 가득한 황금알이었다. 수많은 연구를 통해 감동이 신체적으로나 정신적으로 모두 유익하다는 사실이 밝혀졌다. 감동의 효과는 놀라울 정도이며 아직 연구 초기 단계이지만 충분히 강조할 만한 가치가 있다. 다른 사람들보다 자주 감동받는 사람들은 대부분 다음과 같은 특징이 있다.

— 더 건강하다.
— 스트레스를 덜 받는다.
— 주의 깊다.
— 더 현명하다.
— 더 창의적이다.
— 더 이타적이다.
— 더 친절하다.
— 더 관대하다.
— 더 친환경적이다.

다들 한 번쯤은 감동을 느껴봤을 것이다. 기억도 나지 않는 시절부터 말이다. 이 감정은 개인적인 차원에서뿐만 아니라 사회 전반적인 차원에서도 중요하다. 우리를 조금 더 이타적이고 친환경적으로 이끌기 때문이다. 몇몇 학자들은 세상에 더 많은 감동이 필요하다고 주장한다. 개인의 삶과 연결된 사소한 것들을 잠시 접어두고 모든 사람에게 최선인 것을 살필 때, 다음 세대 그 이상을 내다볼 수 있는 현명한 결정을 내릴 수 있기 때문이다. 예를 들어, 다 같이 힘을 합쳐야만 한 발 앞으로 내디딜 수 있는 환경과 기후 문제를 대할 때처럼 말이다.

또한 감동은 우리가 삶에 더 크게 만족하도록 만든다. 사람들은 감동하면 잠시 그 자리에 멈춰 서는데 이때 자신에게 실제보다 더 많은 시간이 주어진 것처럼 느낀다. 그뿐만 아니라 그러한 황홀감을 경험하고 나면 더 많은 선택지를 발견할 수 있고 자신의 주변을 더욱 명확하게 파악하게 되며 항상 '정답'을 선택할 필요는 없다고 생각하게 된다. 그리고 여러 연구에서 이러한 경험이 신체의 염증을 줄여준다는 사실도 입증했다. 감동의 효과, 정말 놀랍지 않은가!

감동은 단순히 노을을 바라보며 넋 놓고 있는 게 아니다. 치유, 공감, 유의미함, 소속감으로 나아가는 것이다. 인간은 평균적으로 일주일에 두세 번은 감동한다. 출산이나 장엄한 그랜드캐니언 관광 같은 인생에 한 번 있을까 말까 한 경험을 통해서만 감동을 느낄 수 있는 게 아니라는 뜻이다. 일상 속에서도 충분히 감동할 수 있다. 사람이라면 모두 감동을 느낄 수 있는 몸을 갖고 태어난다. 어떻게, 어디에서 느끼는지는 오직 자신만이 알 수 있는 몸을 갖고 태어난다. 만약 아직 모르겠다면 이제부터 발견하는 방법을 알아보자.

우리가 감동을 잃어버린 이유

현대인은 무언가에 사로잡혀 있을 만큼 오래 멈춰 서 있지 못하고 자신의 삶을 살아가느라 급급하다. 일상 속에서 최대한 숨 돌릴 틈을 내려고 노력하지만 기저귀 갈기, 연금 신청, 할 일 목록 체크하기, 집안일 등에 시간을 빼앗기고 있다. 회복이 중요하다는 말을 들어본 적이 있을 것이다. 그런데 그 회복조차도 해야만 하는 일, 보여주기 위한 일이 되고 있지는 않은가? 요가, 명상, 트레이닝, 수면, 파워 워킹, 호흡법, 올바른 식습관……. 대체 이것을 전부 해낼 시간이 있기는 한가?

다음 미팅 시간에 맞춰서 달려가는 동안에, 휴대폰에 코를 박고 있는 동안에 숨쉬기 힘들 정도로 벅찬 감동의 순간들이 일상 속에서 우리를 지나쳐간다. 현대인은 깨어 있는 시간의 3분의 1을 휴대폰을 들여다보는 데 사용하고 있다. 게다가 여러 사회적 여건 때문에 직접 사람을 마주하는 일이 점점 줄어들고 있다. 개인주의가 강화되는 셈이다. 〈2015년 세계가치조사World Values Survey 2015〉 보고서에 따르면 스웨덴은 세계에서 가장 개인주의가 강하며 세속적인 가치를 높이 평가하는 나라다. 흡연, 음주, 과체중보다 훨씬 더 위험한 비자발적인 고독이 늘고 있는 것이다.

사람들은 예술이나 음악을 즐기거나 주말에 자연 속에서 시간을 보내기보다 무언가를 소비하는 데 시간을 보내느라 바쁘다. 한마디로 가치 있는 것들을 잃어버리고 있다. 그러나 측정할 수 있고 과시할 수 있으며 통제할 수 있는 것만 좇다 보면 우리 삶은 손쉽게 빛이 바랜다. 이 틈을 타서 스트레스가 삶을 장악하면 감동은 끼어들 자리를 잃고 만다.

스트레스 금지 구역

우리는 의미 있는 것을 추구한다. 그러면서 동시에 잠시 멈춰 숨 돌릴 틈을 그리워한다. 이제 우리 삶 속에 감동을 위한 큰 자리를 마련해줄 때가 왔다. 틀에 박힌 일상 속에 활력을 불어넣을 때가 온 것이다. 더 많이 감동받고 그 결과 더 건강하고 긍정적으로 세상을 바라보며 살아가야 한다.

감동의 가장 좋은 점은 오로지 자신만을 위한 호사라는 것이다. 애쓰지 않아도 되고 대가를 지불하지 않아도 된다. 잠시 휴식을 취하면서 기분이 고양되는 경험을 하면 된다. 그렇게 숨을 돌리다 보면 시선이 좀 더 부드러워진다. 심박수가 내려가고 호흡이 차분해지며 스트레스 수치가 떨어진다.

물론 감동이 정신적 스트레스를 해결할 유일한 치료제는 아니다. 그렇지만 번아웃, 스트레스, 불안에 대처할 수 있는 에어백인 것은 분명하다. 마음을 차분히 가라앉히고 재충전할 기회이자 세상을 새로운 시선으로 보게 하는 도구로서 감동을 받아들이면 어떨까? 감동을 느끼는 순간만큼은 스트레스가 차단된다고 생각해보자. 큰 수고를 들이지 않고도 '마음챙김mindfulness'으로 얻을 수 있는 이점을 누릴 수 있는 기회다. 우리가 만난 한 학자는 감동을 '자동화된 마음챙김'이라고 했다. 우리도 그 의견에 동의한다.

책을 읽기에 앞서

우리는 호기심이 발동해 감동을 좇는 여정을 시작했다. 여러 곳을 방문하고 다양한 사람을 만났으며 책과 논문을 읽고 강연과 팟캐스트를 들었다. 그렇지만 이 금광을 여러분과 나누기 전에 이 책의 내용과 구성을 어떻게 고안해냈는지 설명하고자 한다.

감동에 대한 연구는 고작 20년 전에 시작되었고 학계에서는 비교적 신생 분야이다. 감동에 대한 관심은 2000년대에 기하급수적으로 증가하기 시작했으며 여전히 성장 중이다. 지금까지 이뤄진 연구들도 감동의 효과를 확실히 입증하려면 추가 연구가 필요하다. 동일한 결과가 나오는지 아직 확인되지 않았기 때문이다. 또한 장기간에 걸친 연구도 필요하다.

이 책의 내용은 대부분 얼마 안 되는, 어떤 부분은 고작 한 건에 불과한 연구에 바탕을 두고 있다. 게다가 스웨덴에서 연구한 것은 한 건도 없으며 대부분 미국, 중국, 네덜란드, 이탈리아, 스페인, 캐나다에서 진행한 연구들이다. 신생 분야라는 말은 지금 알고 있는 내용이 나중에 바뀔 수도 있다는 의미다. 그러나 지금까지 진행된 연구의 내용이 매우 흥미롭고 잠재적 이점이 상당하기 때문에 이를 여러분과 나누고자 한다.

우리는 감동을 연구하는 여러 학자를 만나 인터뷰를 진행했다. 대부분 심리학 및 행동 과학 분야의 선구자이자 선지자들이다. 인터뷰 대상자 중에서 가장 중요한 인물은 캘리포니아대학교 버클리캠퍼스의 대커 켈트너Dacher Keltner 심리학 교수다. 그는 삶에서 감동이 얼마나 중요한지 발견하는 데 누구보다도 큰 기여를 했다. 긍정적인 감정 전반은 물론이고 특히 감동 분야의 전문가로서 세계적으로 유명하다. 켈트너 교수는 공감, 경이로움, 사랑, 아름다움과 더불어 권력, 계급, 사회적 불평등을 연구하며 200건 이상의 논문을 썼다. 게다가 '공공선과학센터Greater Good Science Center'를 설립해 긍정심리학 연구에 활기를 불어넣었다. 이 센터의 웹사이트는 누적 방문객이 1,000만 명이 넘으며 팟캐스트 〈의미의 과학The science of meaning〉은 120만 번 다운로드가 되었고 뉴스레터 구독자 수도 60만 명에 달한다. 켈트너 교수는 20여 명의 박사 후 연구원들과 함께 '버클리 사회적 상호 작용 연구실Berkeley Social Interaction Lab'을 이끌고 있다. 우리는 그의 강연 '경외감, 경탄 그리고 호기심Awe, Wonder and Curiosity'을 듣기 위해 멕시코까지 가기도 했다.

그리고 우리는 최초로 감동 연구의 기반을 닦은 미셸 라니 시오타Michelle Lani Shiota 사회심리학 부교수를 미국에서 만났다.

시오타 부교수는 현재 애리조나주립대학교에서 SPLAT 연구소Shiota Psychophysiology Laboratory for Affective Testing, 정서적 시험을 위한 시오타 정신생리학 연구소를 이끌고 있다. 그 외에도 미국과 유럽 각지의 여러 학자를 만나 인터뷰했다.

되도록 읽기 쉬운 책을 만들기 위해 학자들의 전체 이름과 직함은 처음 등장할 때만 적었고 논문 제목과 대학 이름은 따로 적지 않았다. 좀 더 자세히 알아보고 싶다면 책 맨 뒤에 실린 학술 논문과 서적, 인터넷 링크 등을 참고하면 된다.

그리고 이 책에서는 감동을 삶의 원동력으로 삼은 5명의 인터뷰를 소개할 것이다. 그들은 감동을 인생의 나침반이자 기본적인 가치로 삼고 있다. 감동의 개념을 창조한 천체물리학자 칼 세이건Carl Sagan과 현대의 감동 전도사 제이슨 실바Jason Silva에게 영감을 얻어 그 5명을 '원더 정키Wonder Junkies, 감동을 원동력으로 삶을 살아가는 사람들'라고 부르기로 했다.

우리와 함께 책 속의 여정을 따라가면서 감동의 이점을 발견해보자. 그리고 평범함 속에, 환상적인 롤모델 속에, 서바이벌 오디션 프로그램 속에 숨어 발굴되기를 기다리는 감동에 대해 더 알아보자. 감동에는 어떤 효과가 있는지, 학자들은 감동에 대해 어떻게 말하는지 알고 싶다면 바로 2장으로 가면 된다. 감동의 원천을 알고 싶다면 3장부터 읽으면 된다. 순서

대로 차근차근 읽고 싶다면 다음 장으로 넘기면 된다. 감동이 무엇인지, 어떻게 알아볼 수 있는지부터 시작해 아주 먼 옛날까지 거슬러 올라가는 감동의 역사도 살펴볼 수 있다.

1장

감동이란 무엇인가?

삶의 고통을 무찌르는 가장 아름다운 힘

어떤 감정을 감동이라 부르는가?

감동은 광범위하고 압도적이며 파악할 수 없어 받아들이기 힘든 무언가이다. 대커 켈트너 교수와 조너선 하이트Jonathan Haidt 사회심리학자 겸 윤리적 리더십학과 교수는 2003년에 발표한 획기적인 연구를 통해 이 감정을 구체적으로 정의했다. 이들은 감동을 첫째, 무한하고 광대한 감정이며 둘째, 새로운 정보로 자기 자신이나 세계에 대한 이해 방식을 변경해야 할 때 우리 안에서 일어나는 정신 작용이라고 했다. 학자들에게 용어의 정의는 무척 중요하다. 왜냐하면 용어를 정의 내려야 연구 대상이 분명해지고 그래야 다른 학자들의 연구와 비교할 수 있기 때문이다. 또한 감동을 추적해가는 우리처럼 뭔가를 뒤쫓는 사람들은 자신이 쫓는 대상이 무엇인지 정확히 알아야 한다. 그리고 이때 중요한 것이 용어의 정의다. 그럼, 지금부터 감동의 두 가지 종류에 대해 설명하겠다.

거대함에 대한 경험

> "정말이지 압도당했어요. 도저히 감당하지 못할 정도예요."

사람들은 자신보다 거대한 무언가를 경험할 때가 있다. 별로 가득한 밤하늘을 올려다보거나 끝도 없이 펼쳐진 계곡을 바라보면서 그런 느낌을 받은 적이 있을 것이다. 자신이 너무 작게 느껴지고 자신은 그저 거대한 무언가의 일부라는 생각 말이다. 거대함은 청각으로도 느낄 수 있다. 예를 들면, 천둥소리나 쩌렁쩌렁 울리는 오르간 연주 등이 있다. 혹은 완전히 새로운 사상이나 지식을 발견하고 충격을 받았을 때처럼 지적인 경험으로도 느낄 수 있다. 사회운동가 말랄라 유사프자이 Malala Yousafzai의 연설을 듣거나 우연히 좋아하는 연예인 옆에 앉았을 때처럼 사회적 경험으로도 거대함을 느낄 수 있다. 축구 경기장에서 국가가 울려 퍼질 때 다른 관중들과 하나가 되는 것을 느끼는 것도 마찬가지다.

이해하려는 욕구

| "대체 이걸 어떻게 받아들여야 하지?"

도저히 이해할 수 없는 상황이 일어났다고 가정하자. 뇌는 절대 불가능하다고 생각했던 일이 일어났다는 사실에 커다란 충격을 받을 것이다. 무언가, 또는 누군가 때문에 그전까지 불가능하다고 생각했던 게 무너지면 내면에서 싸움이 벌어지면서 인식에 영향을 준다.

우사인 볼트Usain Bolt는 100미터를 9.58초 만에 주파하면서 10초의 벽을 깨뜨려 인간의 신체적 한계를 새롭게 설정했다. 사람들은 '100미터를 10초 안에 주파할 수 없다'는 당시에 보편적이던 생각을 깨뜨려야 했다. 딸아이가 생각지도 못하게 아리아 한 곡 전체를 모두 피아노로 연주했다고 가정해보자. 아마 당신은 그 상황을 이해하기 위해 유사한 경험을 기억 속에서 찾으려고 할 것이다. 그러나 난생처음으로 경험하는 일이라면? 새로운 깨달음을 얻게 되고 삶을 바라보는 시야도 넓어질 것이다.

어쩌면 이 책을 읽으면서 그런 경험을 할지도 모르겠다. 인생을 새로운 관점에서 바라보게 될 수도 있다. 감동은 삶을 변화시킬 힘이 있으며 동시에 일상 속의 작은 기적에 빠져들게 한다. 사람은 아주 작은 것에서도 감동을 느낄 수 있다. 매일 아침 해가 뜬다는 사실에도 감동할 수 있고 벌이 벌집을 제대로 찾아가는 방법을 알게 되었을 때도 감동할 수 있다. 가장 좋아하는 소파에 앉아서 가슴을 울리는 음악을 듣는 것처럼 일상의 사소한 것들이 팔다리에 소름이 돋을 정도로 감동을 줄 수도 있다.

경외감 측정 척도

켈트너 교수와 하이트 교수는 전혀 새로운 연구 분야를 개척했다. 그들이 논문을 발표한 이후 후속 연구가 넘쳐났고 이제 연구는 또 다른 차원으로 확장되고 있다. 연구의 범위가 확장되면서 감동에 대한 경험을 측정해야 한다는 필요성이 제기되었고 2018년에 '경외감 측정 척도The Awe Measurement Scale'가 만들어졌다. 연구자들은 사람들이 느끼는 감동에 기존 정의 외에 몇 가지 매개 변수를 추가했다. 감동은 매우 복합적인 감정이기 때문에 거대함에 대한 경험과 이해하려는 욕구 외에도 다음과 같은 매개 변수를 추가했다.

- ◆ **시간 개념 변경** 감동의 순간 시간이 느리게 가는 것처럼 느껴진다.

  "마치 더 많은 시간이 주어진 것만 같아요."
- ◆ **작아진 자아** 거대하게 밀려오는 감동의 소용돌이 속에서 자신이 너무도 작게 느껴지고 이기심도 줄어든다.

  "저 자신과 자아는 거대한 세계에 비하면 아무것도 아닙니다."
- ◆ **소속감** 덜 이기적으로 행동하고 외향적으로 변하며 다른 사람들에게 친밀감을 느낀다.

  "저는 저 자신이 더 거대한 것의 일부처럼 느껴집니다."
- ◆ **신체적 감각** 감동은 신체적으로도 경험할 수 있다. 소름이 돋고 전율을 느끼며 입을 벌리고 눈에는 눈물이 맺힌다.

  "온몸에 전율이 느껴져!"

이것들은 감동을 연구하는 데 꼭 필요하고 매우 중요하다. 가장 마지막에 소개한 신체적 감각부터 자세히 알아보자.

감동을 표출하는 세 가지 방법

감동이라는 단어는 전 세계 대부분의 언어에 존재한다. 122개 국가를 담은 한 페이스북 지도를 보면 정말로 많은 사람이 '와우' 이모티콘을 사용하고 있다. 다른 감정과 마찬가지로 감동은 소리와 표정으로 식별할 수 있다.

우리는 화가 나거나 슬프거나, 당혹스러워하거나 혹은 놀란 사람의 모습을 쉽게 떠올릴 수 있다. 얼굴은 영혼의 거울이라고도 한다. 감정 표현은 대부분 전 세계에서 보편적으로 통용되며 몇몇 감정은 오랫동안 연구가 이뤄져왔다. 감동을 더 잘 이해하려면 그 감정을 어떤 방식으로 표현하는지 정의하는 게 중요하다. 버클리 사회적 상호 작용 연구실은 표정에 대한 기본적인 해석의 뼈대를 세웠고 그 결실은 감동의 후속 연구에서 빠져서는 안 될 요소가 되었다. 많은 감동 관련 연구들이 표정 분석을 관찰의 중요한 부분으로 활용하고 있다. 구글, 페이스북, 픽사와 같은 기업들은 감정과 표정을 시각화하는 데 도움이 필요할 때면 이곳 연구원들을 초빙하기도 한다. 감동을 이미지 기호로 완벽하게 표현한 와우 이모티콘은 그러한 협업의 결과물이다.

그렇다면 이 연구원들은 무엇을 발견한 걸까? 연구원들은 사람들이 감동할 때 어떤 소리를 내는지 녹음하는 등 감동의 소리를 기록했다. 표정과 제스처를 분석하고 정의하여 감동이 다른 감정과 어떤 차이가 있는지 밝혀냈다. 실제로 감동은 다른 감정과 구별되는 두드러진 차이점이 있었다.

사람들은 감동을 다음 세 가지 방식으로 표출한다.

소리

수백만 년 전 인류는 말이 아닌 소리로 소통했다. 이러한 짧은 소리를 탄성 vocal bursts 이라고 한다. 탄성은 불과 몇 초밖에 안 되지만 생각보다 많은 것을 표현한다. 탄성은 내면의 감정을 대변하며 보통 즉각적으로 터져 나오기 때문에 거짓으로 꾸미기 어렵다. 그렇다면 감동은 어떤 소리로 나타날까? 당연히 감동만을 나타내는 소리가 있는데 대표적으로 '아아아', '오오오', '우우우', '와아아' 등이 있다. 눈에 보일 정도로 숨을 들이마시는 것도 감동의 '소리' 중 하나다. 또한 연구원들은 감동이 전 세계적으로 비슷한 소리로 표현되는지도 살펴봤다. 세계화된 나라와 도시부터 부탄의 외딴 작은 마을까지 아우르는 대대적인 연구에서 '와'와 비슷한 유의 음성 표현이 감동과 관련이 있다는 사실이 밝혀졌다.

제스처

좋아하는 노래를 듣다가 갑자기 아무 이유 없이 눈물을 흘린 적이 있는가? 영화 속 주인공의 연설에 감명을 받아 팔에 소름이 돋은 적은? 시위대 행렬 한가운데를 걷다가 전율이 등골을 타고 흐른 적은? 이런 경험을 할 때 따뜻하게 퍼져나가며 가슴을 꽉 채우는 어떤 감정을 느꼈을 것이다. 그게 바로 신체가 감동을 표현하는 방식이다. 또 다른 신체적인 신호에는 몸, 특히 머리를 앞으로 내미는 동작이 있다.

감동했을 때, 신체가 가장 강렬하게 표현하는 법은 뭘까? 바로 '소름'이다. 많은 연구에서 소름을 감동의 지표로 사용한다. 특수 카메라를 팔에 부착하여 피부를 촬영하고 그 영상을 증거로 확보하는 것이다. 한 연구에서는 실험 참가자들에게 소름이 돋을 때마다 기록해두라고 지시를 내렸는데 대부분은 한기를 느낄 때 표시했지만 종종 감동했을 때도 표시했다. 일각에서는 두려움 때문에 소름이 돋은 것은 아닌지 추측했다. 그러나 대커 켈트너 교수는 자신보다 더 큰 무언가를 마주했을 때, 다른 사람들과 하나가 되었을 때도 소름이 돋기 때문에 긍정적인 조건에서도 소름이 돋을 수 있다고 주장했다.

연구자들은 감동했을 때 사람들이 머리를 앞으로 내밀며 눈을 크게 뜨는데, 이는 새로운 정보를 좀 더 쉽게 받아들이기 위해서라고 보았다. 어떤 경험을 해석하고 이해하려는 인지 과정에서 자연스럽게 나타나는 행동이라는 것이다. 호흡이 빨라지고 입이 쩍 벌어지는 것은 몸의 열을 내리려는 신체의 기민한 조치다. 설명할 수 없는 무언가에 완전히 사로잡히면 새로운 것을 받아들이고 배우는 데 필요한 복잡한 인지 과정이 영향을 받게 된다. 그래서 사고 활동을 돕기 위해 숨을 들이마시고 입을 벌리는 것이다.

표정

원하든 원하지 않든 감정은 얼굴에 드러난다. 감동했을 때 드
러나는 표정은 다른 긍정적인 감정을 경험할 때와 현저히 달
라서 더욱 흥미롭다.

감동할 때 어떤 표정을 짓는지 생각해본 적이 있는가? 가장
눈에 띄는 점은 다른 긍정적인 감정을 경험할 때와 달리 미소
를 짓지 않는다는 것이다. 기쁨, 낙관, 사랑스러움, 공감 등 다
른 긍정적인 감정을 느낄 때는 미소가 뒤따른다. 그러나 감동
했을 때는 입을 쩍 벌리고 눈을 크게 뜨며 눈썹이 올라간다.
그러니까 턱이 아래로 떨어진 상태에서 눈은 골프공처럼 커
지고 눈썹은 머리카락 경계선 부근까지 올라간다는 말이다.

가장 좋아하는 육상 선수가 시간의 벽을 허물고 새로운 세
계 신기록을 세우는 것을 지켜볼 때의 표정이 대략 이럴 것이
다. 많은 문화권에서 감동을 표현하는 방식이 비슷하지만 약
간의 차이가 있다. 일례로 인도 사람들은 입을 벌린 채 윗입술
을 찡그린다.

두려움과 감동은 다르다

감동이 수백만 년 전부터 존재한 경험이자 감정이라는 것을 보여주는 연구가 여럿 있다. 즉, 감동은 수백만 년 전부터 이미 존재한 감정이다. 원숭이들도 인간처럼 일출을 바라보며 소름이 돋는 경험을 하기 위해 새벽녘에 나무 꼭대기에 올라간다는 것을 알고 있는가?

고대 그리스 철학자들의 글에도 경외감에 대한 기록이 있다. 기록에 따르면 철학은 경외감에서 비롯되었다. 경외감의 개념은 아리스토텔레스의 글에도 있지만 플라톤 때 더욱 뚜렷하게 명문화되었다. 경외감은 삶의 거대한 질문을 긍정적으로 묘사한 별칭이었다. 그러나 세월이 흐르면서 경외감이라는 단어와 감정은 종교의 영역으로 들어갔고 주로 신에 대한 두려움과 경의가 뒤섞인 감정을 표현하는 말이 되었다. 이 시기에 경외감은 인생관을 뒤바꿀 강력한 힘을 마주하는 일이었고 경천동지할 만한 압도적인 체험을 의미했다. 일종의 공포가 뒤섞인 채 매혹되는 경험이었다.

경외감을 뜻하는 영어 단어 'awe'는 800~1400년 사이에 등장한 것으로 보인다. 공포심 또는 불안을 뜻하는 고대 스칸디나비아어 'agi'에 뿌리를 두고 있다. 1300년대 영국의 선지자인 노리치의 줄리안Julian of Norwich은 사랑과 공포 두 가지로 구성된 거룩한 경외감에 대한 글을 남기기도 했다. 교회 측에서는 어두운 면을 강조했으나 1700년대 중반부터 경외감은 다시 밝은 뜻을 품기 시작했다.

경외감에 대한 새로운 시선

정치인 겸 철학자인 영국계 아일랜드인 에드먼드 버크Edmund Berke는 숭고하고 아름다운 것에 대한 깊은 관심을 통해 경외감에 대한 시선을 바꾸었다. 버크는 자연에는 사람에게 강렬한 감정을 불러일으키는 힘이 있으며, 그런 자연이야말로 가장 숭고하다고 생각했다. 또한 건축, 예술, 시, 문학, 음악도 비슷한 성질의 경외감을 사람에게 줄 수 있다고 주장했다. 예술가와 작가들은 이처럼 낭만적이고 긍정적인 해석을 빠르게 받아들이면서 새로운 시각으로 경외감을 바라봤다. 사람들은 자연의 초월적인 힘, 즉 인간의 인지 한계를 넘어선 힘을 찬양했다.

낭만주의 시기는 경외감을 꽤 오랫동안 긍정적으로 다룬 시기였다. 1836년, 초월주의의 주창자인 랄프 왈도 에머슨Ralph Waldo Emerson은 숲이 주는 강력한 영향에 대해 이렇게 적었다.

> "그저 땅을 밟고 서서 무한한 공간에서 신선한 공기를 마시며 한껏 고취되는 것만으로도 사악하고 이기적인 마음이 모두 사라진다. 나는 투명한 눈이 된다. 나는 그 무엇도 아니면서 모든 것을 본다. 보편적인 존재가 나를 통해 흘러간다. 나는 신의 일부 혹은 신의 전령이다."

그러나 오늘날과 비슷한 맥락의 경외감이라는 개념은 그로부터 100년 이상이 지난 후에나 등장한다. 심리학자 에이브러햄 매슬로Abraham Maslow는 1950년대에 정점에서 느끼는 경험, 즉 '절정 경험^{the peak experience}'이라는 개념을 정의했다. 동명의 저서를 통해 경외감의 효과와 일치하는 절정 경험의 스물다섯 가지 기능을 설명했다. 시간과 공간에 대한 감각을 잃게 되며, 자아에 덜 사로잡혀 자신을 잊고, 세상을 선하고 아름다우며 바람직한 것으로 인식하게 된다. 또한 수용적이고 겸손해지며 양극단을 오가는 감정을 비롯해서 반발하는 감정이 사라지거나 해소되고 스스로 운이 좋거나 행복하거나 영예롭다고 느끼게 된다.

지난 수백 년 동안 종교와 철학 사상가들이 경외감이라는 주제를 철저하게 탐구한 것과 달리 심리학계에서는 이 감정을 외면해왔다. 매슬로 이후 경외감에 대한 관심에 다시 불이 붙기까지 50년이나 더 걸렸다. 대커 켈트너 교수와 조너선 하이트 교수가 경외감에 대한 기존의 기록을 모두 훑어 분석하면서 경외감이 온전한 빛을 보게 되었다. 그러나 켈트너 교수와 하이트 교수는 경외감이 긍정적인 경험인지 부정적인 경험인지 전혀 구분하지 않았다.

긍정적인 경외감에 초점을 맞추다

이러한 역사적인 관점을 살펴본 뒤에도 우리에게는 여전히
풀리지 않는 궁금증이 하나 있었다. 경외감에서 두려움이 차
지하는 비중은 얼마나 될까? 오늘날 경외감을 연구하는 많은
연구자들이 경외감의 20~25% 정도가 부정적인 경험, 즉 두
려움에서 기인한다는 데 의견을 같이한다. 연구자들은 이를
'경외감의 어두운 측면the dark side of awe'이라고 부른다. 히틀러
같은 지도자의 연설을 듣는 것, 폭파로 폐허가 된 풍경을 보는
것, 폭풍우의 한가운데에 서 있는 것 등이 이러한 경험의 예라
는 것이다. 경외감의 '어두운 측면'을 조사하기 위해 경외감
과 두려움, 공포를 조합한 연구가 진행되었다. 한 연구에서는
이러한 종류의 경외감이 사회적 소외계층에 대한 차별과 같
은 유해한 행동으로 이어질 수 있다고 봤다.

경외감이 전적으로 긍정적인 감정이라고 본 학자는 라니
시오타 부교수뿐이었다. 시오타 부교수는 긍정적인 자극을
통해서만 경외감을 불러일으킬 수 있다고 확신하며 자연재해
처럼 공포나 두려움을 주는 사건은 경외감을 만들어낼 수 없
다고 했다. 어떤 사건을 통해 일어난 감정이 두려움이라면 그
것은 경외감이 아니라는 것이다. 15년이 넘는 시간 동안 경외

감을 연구해온 시오타 부교수는 지금까지 두려움이 경외감과 연결된 사례는 한 번도 보지 못했다고 했다.

　이 책에서는 긍정적인 경외감에 초점을 맞추고자 한다. 스웨덴어에서 경외감은 주로 긍정적인 경험과 관련되기 때문이다. 두 번째 이유는 부정적인 경외감의 여파를 보여주는 연구는 거의 없기 때문이다. 대부분의 연구는 긍정적인 경외감을 다루고 있으며 우리 역시 경외감의 선하고 희망찬 영향력을 여러분과 나누고 싶다.

감동이 신체에 일으키는 변화

"감동은 명품 가방과 같다고도 합니다. 명품 가방처럼 있으면 좋지만 반드시 필요한 것은 아니라는 거죠. 하지만 저는 감동으로 얻을 수 있는 이점을 평가하는 방법에 큰 오해가 있기 때문에 이런 인식이 생겨났다고 생각합니다."

안개가 자욱한 샌프란시스코에서 커피 한 잔을 마시면서 라니 시오타 부교수가 한 말이다. 다른 연구자들은 오랫동안 감동을 명품 가방으로 취급하면서 실질적으로 우리에게 필요하지 않은 감정으로 여겼다는 것이다. 그러나 이해의 폭이 깊어지면서 감동 역시 인류의 진화 과정에서 중요한 역할을 하지 않았을까라는 의문이 싹텄고 오늘날 점점 더 많은 연구자가 이 주장에 함께하고 있다. 감동은 우리가 생각하는 것보다 훨씬 더 큰 역할을 해왔다는 것이다.

시오타 부교수는 "다른 기본적인 감정처럼 감동에도 중요한 기능이 있지 않을까" 하고 자신에게 질문을 던져봤다. 어떤 결론에 도달했을까? 인간의 가장 원초적인 감정들은 바로 그 상황에 가장 적합한 행동이 무엇인지 뚜렷한 신호를 보내 알려준다. 이를테면 두려움은 물리적인 위협을 피하게 하고 구역감은 질병의 전염이나 상한 음식을 피하도록 도와준다. 사랑은 친밀한 관계를 맺고 재생산할 수 있는 능력을 주었으며 사람들은 지금도 사랑에 전적으로 의존하고 있다. 인류는 사랑을 통해 집단을 구성하고 유대감을 형성하면서 살아남을 수 있었다. 그렇다면 감동은 어떨까? 감동이라는 감정에도 이런 기능이 있을까?

행동이 아니라 휴식하게 만드는 감정

앞서 감동은 미소를 자아내는 감정이 아니라고 이야기했다. 즉, 감동은 사회적 관계나 유대감을 형성하는 데 꼭 필요한 감정이 아니다. 오히려 전혀 다른 무언가이다. 시오타 부교수 역시 이러한 주장에 동의하며 다소 혁신적인 발견을 해냈다.

교감신경계와 부교감신경계로 구성된 중추신경계는 온몸을 관장한다. 수많은 장기에 지시를 내리고 다시 뇌로 정보를 전송한다. 앞서 설명했듯이 몇몇 감정은 어떤 태도를 보이라고 장려하거나 투쟁-도피 반응을 활성화한다. 다시 말해 교감신경계의 명령으로 부교감신경계가 대응 또는 투쟁-도피 반응을 활성화하는 것이다. 그러나 감동했을 때는 전혀 다른 반응이 나타난다.

시오타 부교수는 사람이 감동하면 신경계가 심장의 활동을 늦추지만 그렇다고 완전히 멈춰 세우지도 않는다고 말했다. 감동을 경험하는 동안 반쯤은 멈춘 상태, 그러니까 투쟁-도피 반응이 활성화된 상태에서 휴식을 취하며 편안함을 느끼는 상태가 공존한다는 것이다. 그 순간에는 어느 체계가 더 주도적이라고 할 수 없다. 그리고 실질적으로 이러한 상태는 다른 어떤 상황에서도 벌어지지 않는다. 딱 하나 예외가 오르가슴을 경험한 직후다.

두 신경계가 '동등한 수준'을 유지한다는 이 사실에서 어떤 결론을 이끌어낼 수 있을까? 시오타 부교수의 이론에 따르면 감동의 주된 기능은 사람을 움직이게 하는 것이 아니다. 원하는 사람이나 물건을 향해 몸을 굽히거나 이동하게 하는 등의 행동을 만드는 여타의 감정과는 다르다. 오히려 감동은 사람을 멈춰 세우고 휴식을 취하게 만든다.

자동화된 마음챙김

시오타 부교수는 두 신경계가 켜지거나 꺼지는 게 아니라 항상 활성화되어 있고 정도의 차이만 있다고 했다. 두 신경계는 서로 균형을 이루는데 이를테면 하나가 활성화되면 다른 하나는 둔화하는 식이다. 그렇지만 감동했을 때는 그렇지 않았다. 조금 더 명확하게 설명하기 위해 심장과 바로 연결되어 있는 신경계에 대한 논문을 소개하겠다.

시오타 부교수의 연구와는 별개로 네덜란드의 미힐 판 엘크Michiel van Elk 신경인지학 부교수는 기능적자기공명영상fMRI을 사용해 감동을 경험하는 동안 뇌에서 벌어지는 일을 관찰했다. 관찰 결과, 뇌에서 자아와 연관된 영역, 즉 자신에게 몰두하면서 생각을 정리하거나 반성하도록 하는 영역의 활동이 둔화되었다. 이 영역을 '디폴트 모드 네트워크Default Mode Network'라고 한다. 엘크 부교수의 연구 결과는 시오타 부교수가 관찰한 신경계에서 벌어지는 일과 흡사했다. 짧은 휴식과 비슷한 상황이 벌어진 것이다. 감동을 경험하면 신체는 자동으로 반쯤 멈춰 선 상태가 된다는 사실이 모든 연구 결과에서 드러났다. 시오타 부교수는 이런 상태를 자동화된 마음챙김이라고 이름 붙였다.

감동은 새로운 사고의 문을 열어준다

시오타 부교수는 감동이 새로운 인지적 사고의 문을 열어준다고 보았다. 잠시 신경계를 멈춰 세우면 뇌의 다른 부분에 접근할 수 있다는 것이다. 사고 회로를 바꿀 기회를 얻는 셈이다. 다른 감정들이 사회적 관계(사랑)나 순전히 생존(두려움, 분노, 구역감)과 관련된 전제 조건을 구성한다면 감동은 자기 자신에게 질문을 던지고 새로운 기회와 새로운 무언가를 발견하게 해준다. 이로써 감동은 우리가 전에는 알지 못했던 것들을 인지하고 학습하거나 탐구하도록 만든다.

역사적으로 감동이 사람들에게 새로운 것을 발명할 동기를 부여한 것은 아닐까? 바다를 바라보면서, 또한 별이 가득한 하늘을 바라보면서 지상의 신비에 감탄하던 사람들이 뭔가가

더 있지 않을까 하는 생각에 길을 나선 것은 아닐까? 비록 식
자층은 지구가 평평하다고 믿었을지언정 말이다.

감동으로 만들어진 사회적 유대감

감동이 진화에서 어떤 역할을 했는지는 이론이 다양하다. 일
부 연구자들은 감동이 사려 깊게 생각하려는 욕구를 만들었
을 것으로 추정한다. 바깥으로 눈을 돌리고 좀 더 관대해질 수
있도록 말이다. 이러한 친사회적인 영향 덕분에 사람은 무리
를 짓고 마을을 이루어 공동체 생활을 할 수 있었고 하나의 종
으로서 생존할 수 있었다는 것이다. 어떤 연구자들은 강력한
지도자에 대한 존경과 경의와 같은 경외감이 사람들 사이에
사회적 유대감을 형성했다고 본다. 집단이 유지되려면 유대
감은 필수적인 감정이다.

　후속 연구를 통해 진화 과정에서 감동의 역할이 좀 더 세세
히 밝혀지기를 기대한다. 다만 과거의 생각과 달리 감동이 진
화 과정에서 훨씬 더 중요한 역할을 했을 거라는 데는 의견이
모이고 있다. 게다가 감동은 명품 가방 그 이상으로 중요하다.
감동을 경험하는 것 자체가 명품 가방처럼 아주 흔한 것은 아

니지만 말이다.

　이 책을 다 읽은 뒤, 별이 가득한 밤하늘을 초롱초롱한 눈으로 바라보며 '여기 앉아서 힐링 중이야' 또는 '여기 앉아서 점점 지혜로워지는 중이야'라고 생각한다고 가정해보자. 감동은 독특한 감정이다. 단기적으로는 즐거움을, 장기적으로는 건강을 가져다준다. 감동을 경험하고 나면 어마어마한 보상을 받은 기분이 든다. 감동을 경험하기 위해 따로 기울여야 할 노력은 없다. 그저 느끼기만 하면 된다. 그러면 나머지는 자연스레 따라오게 된다.

　앞서 설명했듯이 감동을 경험한 사람들은 대체로 좀 더 건강하고 스트레스를 덜 받는다. 그리고 현명하고 창의적이며 덜 이기적이고 친절하고 관대하다. 그뿐만 아니라 자신에게 더 많은 시간이 주어졌다고 느끼며 환경을 의식한 결정을 내린다. 기적의 순간은 아직 끝나지 않았다. 이제 단 하나의 감정이 어떻게 건강을 증진하고 사회를 변혁시키는지, 그 밖에 어떤 영향을 미칠 수 있는지 다음 장에서 설명하겠다.

| 2장 |

감동에는
어떤 힘이 있을까?

자주 감동할수록 특별해지는 9가지 능력

염증 완화
몸 안의 염증이 사라진다

강렬한 빛깔의 저녁노을과 반짝이는 무지개에 몸의 염증을 치료하는 치유력이 있다면 어떨까? 여러 연구에 따르면 실제로 그럴 가능성이 있다. 한 연구에서 실험 참가자 200명을 대상으로 기쁨, 경이로움, 공감, 만족감, 느긋함, 사랑, 뿌듯함과 같은 긍정적인 감정을 하루에 몇 번이나 경험하는지 조사했다. 타액 테스트 결과에 따르면 긍정적인 감정, 특히 감동을 자주 경험한 사람일수록 세균에 맞서 싸우는 단백질인 인터류킨$^{IL-6}$ 수치가 낮았다. 인터류킨은 백혈구에서 발견된 사이토카인이라는 물질인데 이 수치가 높을수록 체내에 염증이 더 많고 적을수록 염증이 더 적다.

자주 감동할수록 염증 수치는 낮아진다

사이토카인은 신체에 면역 체계를 활성화하라고 지시하는 호르몬 전달자이다. 신체가 스트레스를 받을 때 더욱 활성화되며 공격받는 부위로 세포를 보낸다. 사이토카인은 감염과 질병을 막고 생명을 구한다. 그러나 사이토카인 수치가 지속적으로 높으면 좋지 않다. 이는 체내에 낮은 수준의 염증이 지속되고 있다는 의미이며 체내 염증과 관련된 2형 당뇨, 심장 질환, 퇴행성 관절염, 치매와 같은 많은 질병을 일으킬 수도 있기 때문이다.

제니퍼 스텔라Jennifer Stellar 심리학과 부교수와 네하 존헨더슨Neha John-Henderson 신경과학과 부교수는 앞서 언급한 획기적인 연구의 주요 저자다. 최근 몇 년 동안 낮은 수준의 염증이 만드는 위험과 항염증 식이요법으로 이러한 위험을 줄일 수 있는가에 대한 논의가 점점 달아오르고 있다. 이 발견은 긍정적인 감정이 우리의 웰빙well-being에 어떤 영향을 미치는지에 대한 후속 연구의 길을 열어주었다. 연구자들은 감동, 매혹, 아름다움이 건강한 사이토카인 수준을 만들며 이러한 감정을 경험하기 위해 우리가 하는 행동, 즉 자연 속에서 거닐기, 음악에 푹 빠져들기, 예술 감상하기가 우리의 건강과 기대 수명에 직접적인 영향을 미친다는 사실을 밝혀냈다.

연구를 통해 감동 경험이 염증 수준을 낮춘다는 사실은 밝혀졌지만, 아직 어떤 게 먼저인지는 정확하지 않다. 감동을 받았을 때 사이토카인 수준치가 내려가는 것일까? 아니면 역으로 사이토카인 수치가 낮으면 감동을 받을 수 있는 것일까? 둘 사이에 연관이 있는 것은 확실하지만 더 많은 연구가 필요하다.

미주신경의 활성화

감동을 경험하면 전율을 느끼고 소름이 돋는다. 그리고 가슴 속에서 무언가 따뜻한 것이 퍼져나가는 느낌도 든다. 대커 켈트너 교수는 이 느낌이 미주신경 vagus nerve 이 활성화되었다는 신호라고 말한다. 미주신경이 활성화된 '긴장 tonus' 상태라면 대체로 건강하다는 뜻이기 때문에 이는 중요하다. 그런데 대체 미주신경이 무엇인가? 그리고 긴장 상태는 또 어떤 것인가? 이 개념들을 좀 더 자세하게 살펴보자.

미주신경은 인간 몸에서 가장 긴 신경이자 실질적으로 뇌와 여러 중요한 장기를 한데 묶어주는 8만 개로 이루어진 하나의 신경망 뭉치다. 미주신경의 원어명 'vagus'는 라틴어로 방랑자를 의미한다. 미주신경은 목부터 심장, 폐, 위, 장에 이르기까지 온몸에 걸쳐 뻗어 있다. 수많은 신경망을 이용하여 신체의 상태를 계속 점검하는 일종의 커뮤니케이션 센터이다. 미주신경은 몸을 살핀 후 상태 보고서를 뇌로 전송한다. 몸에서 어떤 일이 벌어지고 있는지 그 정보를 수집하는 게 가장 중요한 임무이며 맥박과 호흡, 소화 등의 기능을 관장한다.

미주신경을 활성화시키는 활동들

그렇다면 건강 측면에서 볼 때 미주신경은 왜 중요할까? 그리고 감동과는 어떤 연관이 있을까? 스트레스, 번아웃, 불안은 미주신경에 염증을 유발한다. 반면에 미주신경을 활성화하면 체내 염증 수준을 대폭 낮출 수 있다. 예를 들면 다소 신생 연구 분야로 소위 신경 제품인 '뉴로슈티컬neuroceutical'의 개발이 있다. 약학에서는 면역 체계를 바로 제어하는 약을 사용하지만 뉴로슈티컬은 면역 체계의 다양한 기능을 제어하기 위해 신경계를 자극해서 활성화하는 방법에 초점을 맞춘다. 이때 신경망이 온몸에 뻗어 있는 미주신경이 '항염증 작용'에서 중요한 역할을 한다.

이번에는 긴장 상태가 무엇인지 살펴보자. 일반적으로 미주신경은 긴장 상태라고 말한다. 긴장 상태가 높을수록 몸의 상태는 좋은 셈이다. 따라서 다양한 방식으로 미주신경을 활성화하면 오히려 신체의 긴장은 풀어지면서 스트레스 수준도 감소한다. 연구자들도 이 부분에 초점을 맞추고 있다. 노래 부르기, 요가, 명상, 심호흡, 얼음 목욕, 운동 등은 미주신경의 긴장 상태를 높이는 데 효과적이다.

긍정적인 감정과 미주신경에 대해 수년 동안 연구해온 대커 켈트너 교수는 우리가 음악이나 다른 사람들의 선행에 강렬한 감동을 받을 때 미주신경이 긍정적인 영향을 받는다고 확신한다. 미주신경은 전반적으로 건강을 유지하는 데 중요하며 미주신경 활성화는 사람들이 건강하게 지낼 수 있는 가장 좋은 방법이라는 것이다.

문제 스트레스와 나쁜 생활 습관으로 몸에 염증이 생길 수 있다. 이 경우 건강 상태가 나빠지고 2형 당뇨, 심장 질환, 퇴행성 관절염, 치매 발병 위험도 커진다.

감동의 효과 염증의 수준을 낮추며 질병과 맞서 싸우는 미주 신경을 활성화한다.

스트레스 감소
삶의 문제가 사소해진다

현기증이 날 것 같은 풍경이나 마법 같은 숲의 공터를 마주했을 때 기분이 고양되고 삶의 질이 향상되는 듯한 느낌을 받는다. 감동이 스트레스를 어떻게 감소시키는 걸까? 이는 코르티솔과 도파민이라는 두 가지 호르몬 수준과 큰 관련이 있다. 코르티솔은 스트레스 수준을 나타내고 도파민은 이완과 평온의 정도를 보여준다. 주로 즐거움과 보상 시스템을 활성화하는 도파민은 중요한 신경 전달 물질이다. 심리 문제를 치료하는 많은 현대 치료법도 도파민 수준을 조절하는 것과 관련이 있다.

불안과 부담을 덜어주는 전략적 도구

일종의 외상후스트레스장애PTSD를 겪는 사람들을 대상으로 도파민과 코르티솔 수준을 측정한 한 연구를 살펴보자. 연구자들은 실험 참가자가 감동을 불러일으키는 자연과 마주하기 전과 후의 도파민과 코르티솔 수준을 측정했다. 그 결과 전체 실험 참가자의 스트레스 수준이 20~30%가량 낮아졌으며 그 효과도 오래 지속된 것으로 나타났다. 실험이 끝나고 일주일이 지났을 때에는 불안감도 감소했다. 그리고 실험 참가자들의 도파민 수준은 상승했고 이전보다 삶이 만족스럽고 안전하다고 느낀다고 답했다.

감동은 선제적으로 스트레스를 감소시키는 도구 그 이상의 역할을 할 수 있다. 걱정과 불안을 느끼는 힘겨운 시기를 견딜 수 있게 도와준다. 이를 증명한 실험이 있다. 연구자들은 실험 참가자 729명 중 절반에게는 가짜 IQ 테스트를 받게 하고, 절반에게는 다른 참가자들의 평가를 받고 피드백을 기다리라고 지시했다. 결과에 따르면 이들 중 자연을 촬영한 동영상을 보고 감동을 느낀 참가자들은 다른 참가자들과 비교를 당해도 긍정적인 감정을 더 강하게 느꼈다. 이들은 결과와 피드백을 기다리는 동안 훨씬 덜 불안해했다.

이러한 사실을 볼 때 감동은 시험 결과를 기다려야 하는 대학 생활이나 병원 치료 같은 기다림에서 오는 부담을 덜어줄 전략적 도구로 활용할 수 있다. 조직 검사를 비롯한 기타 건강 검진 결과를 기다리는 것은 본인뿐만 아니라 가까운 사람에게도 고통스럽고 걱정스러운 일이다. 통제된 실험 환경 속의 결과지만 실제 삶에서도, 이를테면 사람들이 대기실에서 다큐멘터리 〈살아 있는 지구Planet Earth〉를 시청하면 스트레스를 덜 느낄 수 있다.

명상과 몰입을 통해 불안을 극복하고 힘겨운 시기를 이겨낼 방법을 연구해온 이들은 감동이라는 감정에서 완전히 새로운 가능성을 발견했다. 만약 감동이 명상과 비슷한 정도로 불안을 해소해줄 수 있다면 명상보다 더 손쉽게 활용할 수 있기 때문이다.

감동 앞에서는 스트레스도 사소해진다

앞에서 다루었듯이 감동을 경험하면 염증 수치가 낮아진다. 스트레스와 감동의 상관관계를 한 마디로 정리하자면 '스트레스를 받으면 염증 수준이 높아지지만 감동을 느끼면 이를

낮출 수 있다'이다. 모든 긍정적인 감정 중에서도 감동은 사이토카인의 감소와 연관이 있다.

우리의 신경계는 불안에 대처하는 것과 정반대의 방식으로 감동에 대응한다. 감동을 느끼면 스트레스가 감소할 뿐만 아니라 스트레스를 대하는 관점까지 달라진다. 다시 말해 압도적이거나 놀라운 감정을 느끼고 나면 스트레스가 사소하게 느껴지면서 별게 아니라고 생각하게 된다는 것이다.

스트레스와 불안이 만드는 문제와 신체적 증상의 심각성을 축소하려는 게 아니다. 약간의 감동을 느낀다고 해서 일상적인 고민이 사라지지 않는다. 일상 속의 문제를 해결하려면 구조적인 해법은 물론이고 개인적 차원의 해법도 필요하다. 그러나 감동에는 스트레스를 받는 몸과 마음을 치유하는 효과가 분명히 있기 때문에 비록 부족하더라도 다른 해결책을 보완하는 요소로서 충분히 활용할 만하다.

문제 전례 없이 많은 사람이 스트레스, 걱정, 불안을 겪고 있으며 이 때문에 번아웃 증후군에 시달리고 있다.

감동의 효과 코르티솔 수준을 낮추고 도파민 수준을 높인다. 스트레스와 불안이 줄어든다.

시간증가
더 나은 결정을 내릴 수 있다

최근에 감동을 경험한 적이 있는가? 그 순간을 떠올려보자. 혹시 시간이 멈춘 것처럼 느껴지지는 않았는가? 당신은 연구자들이 몇 년 전부터 연구하기 시작한 것을 이미 경험했을지도 모른다. 감동을 통해 시간 개념이 바뀔 수 있다는 사실을 말이다.

시간이 충분하다는 느낌

연구자들은 감동을 경험한 사람이 지금 이 순간에 온전히 존재하는 경험을 한다는 기존 연구에서부터 출발했다. 일련의 실험을 통해 다른 긍정적인 경험과 달리 감동이 어떻게 시간이 더 많다고 느끼게 하는지, 사람을 어떻게 침착하게 만드는지를 밝혀내고자 했다.

먼저 연구자들은 행복감과 감동 둘 중에 여유를 느끼는 데 더 효과적인 감정이 무엇인지 알아보기 위해 63명의 학생을 두 그룹으로 나눠 1분 동안 광고 영상을 보여주었다. 한 그룹에는 폭포, 고래, 우주여행을 다룬 영상을 보여주어 감동을 경험할 수 있게 했다. 다른 그룹에는 축제 퍼레이드나 색종이 꽃가루를 뿌리는 사람들처럼 행복감과 관련 있는 영상을 보여주었다. 그런 다음 "나는 시간이 충분하고 할 일을 모두 마쳤다"는 문장에 대해 자신의 생각을 답하게 했다. 그 결과 감동을 불러일으키는 영상을 본 사람들은 행복감과 관련 있는 영상을 본 사람들에 비해 대부분 시간이 더 충분하다고 답했다.

또 다른 실험에서는 감동을 경험한 사람들이 더 침착해지는지를 살펴보았다. 연구자들은 86명의 학생들에게 개인적인 경험에 대해 서술하라고 지시했다. 한 그룹에는 감동을 준 뭔가 거대하고 이해하기 어려운 것에 대해, 다른 그룹에는 기쁨과 행복에 대한 경험을 쓰게 했다. 그런 다음 참을성, 경이로움, 자부심, 행복 등 자신이 느낀 여러 감정의 정도를 표시하게 했다. 그 결과, 감동에 대해 서술한 학생들은 덜 초조해했고 기꺼이 타인에게 자신의 시간을 내주려는 경향이 컸다.

더 나은 결정을 하게 만드는 힘

감동은 지금 이 순간에 빠져들게 만드는 감정이다. 그게 감동의 장점이다. 감동을 경험하는 사람은 미래나 과거에 있을 수 없다. 감동은 지금 여기에 완전히 존재할 것을 요구한다. 갑자기 시간이 유연해지고 전처럼 허우적거리는 느낌도 들지 않는다. 대신 시간이 확장되는 기분일 것이다. 더욱 너른 지평을 마주하게 되는 셈이다.

멜라니 루드Melanie Rudd 부교수는 시간 관련 연구를 하고 있는데, 이 연구를 하게 된 배경에는 개인적인 이유도 있다고 말했다. 루드 부교수는 항상 시간이 부족하다고 느꼈으며 다른 사람들과 마찬가지로 일과 자유 시간 사이에서 고뇌했다고 한다. 감동이 주는 긍정적 효과는 알고 있었지만 감동을 경험하기 위해 문밖에 나서는 게 쉽지 않았다고 한다. 감동은 시간이 충분하다는 느낌을 선사해줄 게 분명한데도 말이다. 어디선가 들어본 적이 있는 내용인가? 멜라니 루드 부교수는 타협

점을 찾아냈다. 컴퓨터 화면 보호기를 아름다운 풍경 사진으로 채운 것이다.

　시간의 압박을 줄일 방법을 찾을 수 있다면 더 나은 삶을 위해 더 나은 결정을 내릴 수 있을 것이다. 스트레스와 시간의 압박은 건강을 증진하는 게 아니라 그 반대로 이끄는 행동을 하게 만든다. 스트레스를 받으면 음식을 빠르게 섭취하고 운동이나 치과 진료 같은 자기 관리를 미루게 되며, 공감 능력이 줄어들고 사람들과도 관계가 엉망이 되기 십상이다. 그리고 필요 이상으로 물건을 사기도 한다. 삶의 만족도가 전반적으로 낮아지는 셈이다. 우리에게 주어진 시간의 양을 바꿀 수는 없지만 감동을 통해 시간에 대한 인식은 바꿀 수 있다.

문제 아무리 자유 시간이 많아져도 항상 시간에 쫓기고 있다.

감동의 효과 지금 이 순간에 머물면서 시간이 더 많다고 느낀다. 그리고 이 느낌이 오랫동안 유지된다.

학습 능력
지식을 적극적으로 습득한다

긍정적인 감정은 새로운 지식을 바탕으로 정보를 받아들이고 처리하며 추론하고 대응하는 방식에 큰 영향을 미친다. 1990년대 말에 경험이 풍부한 의사들을 대상으로 가상의 병을 앓고 있는 사람에게 진단을 내리게 하는 실험을 진행했다. 의사들을 세 그룹으로 나누었다. 첫 번째 그룹은 학술지를 읽으면서 환자를 진료할 준비를 했고 두 번째 그룹은 긍정적인 느낌을 주는 뭔가를 경험했다. 세 번째 그룹은 완전한 통제 그룹으로 아무런 준비도 하지 않았다.

사탕 한 봉지의 위력

진료에 임했을 때 어떤 그룹이 가장 빠르게 올바른 진단을 내렸을까? 바로 긍정적인 감정을 경험한 그룹이었다. 이 그룹은 다른 그룹보다 두 배는 창의적이었고 속도도 빨랐다. 흥미롭지 않은가? 그런데 어떻게 이 그룹에 긍정적인 감정을 불러일으켰을까? 연구자들은 실험이 끝나면 사탕 한 봉지를 주겠다는 약속을 했을 뿐이었다.

이후 여러 유사한 연구 결과가 뒤따랐고 긍정심리학의 가장 획기적인 이론 중 하나인 '확장과 수립 이론Broaden&Build Theory'이 자리 잡는 토대가 되었다. 이 실험은 부정적인 감정이 삶의 질을 저해하고 우리의 대응 능력을 제한하며 시야도 좁게 만든다는 데서 출발했다. 사람들은 정말 무섭거나 화가 나면 싸우거나 도망치려고 한다. 다시 말해서 화재 경보가 울리면 집 밖으로 뛰쳐나간다. 그에 반해 긍정적인 감정은 사람들의 호기심을 불러일으키고 바깥을 둘러보면서 활용할 수 있는 대안이 있는지 샅샅이 살펴보게 만든다. 즉, 우리 시야를 확장시켜준다. 새로운 것을 시도하여 새로운 지식을 습득하고 자원을 구축하게 한다. 살면서 나중에 활용할 수 있는 많은 것을 배우는 셈이다.

지식욕을 자극하는 힘

감동은 학습 능력을 향상시키고 우리를 더 현명하게 만드는데 특출한 효과가 있다. 탐구하고 발견하며 새로운 삶의 방식을 시도하게 만들 뿐 아니라 새로운 정보와 경험에 대한 욕망을 자극한다. 또한 자신이 아직 모르는게 뭔지도 자각하게 만든다. 이는 자연스럽게 지식욕을 높이는 결과를 낳는다.

물리학자인 알베르트 아인슈타인Albert Einstein은 물론 천문학자이자 천체물리학자인 칼 세이건Carl Sagan은 감동이 살면서 겪는 문제에 대한 과학적 해답을 찾도록 동기를 부여한다고 주장했다. 이제 그들의 주장은 진실로 입증되었다. 연구자들은 유년기의 지식 학습에서 감동이 가장 큰 역할을 한다고 추정한다. 감정은 독특한 방식으로 우리에게 과학적인 해석을 찾고 탐구하게 만든다. 또한 학습과 관련된 인지 능력과 새로운 정신 구조를 구축하는 데도 영향을 미친다. 과거에는 감동이 종교적인 의미가 강했지만, 이제는 정반대로 과학적 사고를 하도록 동기를 부여하는 원동력이 된 것이다.

감동 경험이 많을수록 선입견이 사라진다

앞서 말한 확장과 수립 이론으로 돌아가자. 뇌는 다소 압축적으로 정보를 스키마schema와 정신 구조에 저장한다. 어마어마한 양의 정보를 최대한 빨리 처리하기 위해 뇌는 패턴을 찾는다. 앞서 저장한 경험과 지식을 기반으로 지금 경험하고 있는 것을 이해하기 위해 퍼즐을 맞추는 셈이다.

눈앞에 있는 의자가 어떤 모양이든지 뇌에는 의자에 대한 일반적인 이미지가 있다. 의자를 보면 그게 앉기 위해 만들어진 물건이며 책상과 관련이 있다고 분류한다. 이게 앞서 의자와 관련하여 보유한 경험의 내용이다. 의사에게 진찰을 받을 때도 이전의 모든 경험뿐만 아니라 자신이 가진 선입견도 연결시킨다. 그러나 정말이지 압도적인 무언가, 그러니까 감동을 경험하게 되면 받아들이는 정보를 좀 더 꼼꼼하고 세세하게 살피게 된다.

'낭만적인 저녁 식사The Romantic Dinner'라는 연구에서 감동을 경험한 실험 참가자들이 현재 벌어지는 일에 대해 더 정확하게 파악한다는 사실이 밝혀졌다. 상황을 파악하는 데 선입견이 개입하는 정도가 낮았다. 실험 참가자들에게 우선 낭만적인 저녁 식사를 하는 짧은 동영상을 보여준 뒤 영상 안에 무엇이 있었는지 말하게 했다. 감동을 경험한 그룹은 방금 본 영상 속 탁자 위에 나뭇가지 모양의 촛대가 있었다는 사실을 정확하게 기억해냈다. 이와 비슷한 상황에서 흔히 있을 법한 소품인데도 '당연하게 받아들여 흘려버리지' 않았다.

또 다른 연구에서도 감동을 경험한 사람들은 부실한 주장을 그대로 받아들이기보다는 찬성과 반대 주장을 모두 경청한 다음에 결정을 내렸다. 그 반면에 열정, 편안함 등 다른 긍정적인 감정에 노출된 참가자들은 부실한 주장에 쉽게 속았다.

연구자들은 감동의 어떤 부분이 사람을 더 현명하게 만드는지를 이제 막 이해하기 시작했다. 라니 시오타 부교수를 비롯해서 비슷한 의견을 가진 연구자들은 감동을 경험할 때 뇌가 반쯤 멈춰 선 상태, 찰나의 멈춤 상태에 도달하기 때문이 아닐까 추정하고 있다. 앞서 설명했듯이 감동을 경험하면 뇌의 평범한 회로 활동이 감소한다. 그러면 그 틈을 타서 전혀 새로운 정보가 들어가는 것이다.

문제 얻을 수 있는 정보가 아주 많은데도 기존의 지식과 경험에 의존하려고 한다.

감동의 효과 뇌를 예리하게 만들어준다. 사실을 비판적으로 검토할 수 있는 능력을 갖추게 되며 새로운 정보를 받아들일 기회를 얻게 된다.

호기심
더 많은 기회를 발견한다

이해할 수 없는 무언가에 압도당하면 사람들은 자연스럽게 자신을 압도한 게 무엇인지 더 알고 싶어 한다. 그래서 모든 아이가 몇 번이고 거듭해서 '왜?'라고 묻는다. 아이들을 보고 있으면 호기심이 어떻게 답을 찾고 탐구하게 만드는지 분명해진다. 호기심은 학습의 전제 조건이다. 진화의 과정에서 인류는 우뚝 솟은 자연의 풍경과 높은 산맥을 경외감에 찬 눈으로 올려다보았다. 호기심이 일어나면 사람의 내면에서는 더 알고 싶다는 욕구가 샘솟는다.

감동이 창의력과 호기심을 불러일으킨다고?

감동은 상황이 아무리 압도적이고 힘겹더라도 위험하지 않다고, 위협적이지 않다고 느끼게 한다. 그 이유를 뇌가 정확히 몰라도 아무런 문제가 없다. 즉, 답을 내리지 못하더라도 그냥 그 상태로 두면서 더 많은 정보를 얻으면 된다. 사람들은 감동의 이 독특한 속성 때문에 새로운 것을 배우게 되며 기존에 알고 있던 정보에 집착하거나 의존하지 않는다. 호기심이 끓어오르면서 더 알고 싶어 한다. 발견하고 탐구하고 시도해보고 배우려고 한다. 그리고 이때 창의력이 개입하게 된다. 앞에서 다룬 연구에서 의사들이 올바른 진단을 내릴 때 두 배나 빨랐을 뿐만 아니라 두 배나 더 창의적이었다는 사실을 떠올려보자. 더 많은 대안을 발견할 수 있는 능력 덕분에 더 빨리 올바른 결정을 내릴 수 있었다.

감동과 호기심의 연관성은 최신 연구를 통해 뚜렷하게 드러났다. 여섯 가지 긍정적인 감정(즐거움, 만족감, 감동, 공감, 기쁨, 뿌듯함) 중에서 감동이 호기심과 독특한 상관관계를 보였다. 게다가 감동을 자주 경험하는 사람들은 호기심이 왕성했고 학교 성적도 더 좋았다.

감동과 창의력 사이에도 연관성이 있었다. 미국, 이란, 말레이시아의 연구에서 감동을 자주 경험하는 사람들이 좀 더 창의적이며 문제도 쉽게 해결한다는 연구 결과가 나왔다. 동영상이나 사진을 보고 감동을 경험한 실험 참가자들은 독특한 방식으로 답을 유추했고 아이디어도 더 쉽게 냈다. 감동은 능숙도, 유연성, 아이디어 전개 능력과 같은 창의적인 요소에도 영향을 미쳤다.

산 정상에서 발현된 학습 욕구

멜라니 루드 부교수는 무엇이 창조력에 불을 지피는지 알아보기로 했다. 앞선 연구에서 감동이 시간에 대한 인식을 어떻게 바꾸는지 봤기 때문에 창조에 대한 욕망 저변에도 감동에 대한 경험이 있을 수 있다는 가설을 세웠다. 연구는 스위스 알프스에서 진행했다. 루드 부교수는 산간 지역에서 자랐기 때문에 산이 얼마나 강력한 감동의 원천인지 잘 알고 있었다.

실험 참가자 중 한 그룹은 케이블카의 시작점인 산의 맨 아랫부분에 자리를 잡았고 다른 그룹은 정상까지 올라갔다. 두 그룹 모두에게 간식을 제공했는데 실험 참가자들은 견과류와 건과일을 이미 섞어놓은 것을 받을 수도 있었고 원하는 대로 직접 섞을 수도 있었다. 또한 루드 부교수와 동료 연구자들은 참가자들의 학습 욕구가 증가했는지 살펴보고자 트래킹에 대한 정보를 담은 책자를 나누어주었다. 결과는 어땠을까? 감동을 경험한 실험 참가자들은 직접 간식을 섞는 쪽을 택했다. 헤이즐넛, 건포도, 건살구를 약간씩 섞는 단순한 일인데도 감동을 경험한 사람들이 이미 섞어놓은 간식보다 직접 섞는 쪽을 선택했다. 또한 이들은 안내 책자도 더 많이 읽었다.

두 그룹의 차이는 극명했다. 연구 결과에 따르면 산 정상에 있는 사람들, 즉 감동을 경험한 사람들이 학습에 더 열린 태도를 보였고 간식도 직접 섞으려는 경향이 높았다. 이 연구를 통해 감동은 마음을 열고 새로운 것을 배우고 싶을 만큼 마음의 안정을 주며, 이러한 상태에서 창조적인 활동에 대한 욕구도 생겨난다는 결론을 이끌어냈다.

문제 이미 알고 있는 정보에 의존하고 새롭게 무언가를 배우려고 하지 않는다.

감동의 효과 호기심이 왕성해지며 해결책을 모색하려고 하고, 더 많은 기회와 대안을 발견하게 된다.

이타심
자기중심적 사고에서 벗어난다

"대체 뭐가 문제지? 나한테 무슨 문제가 있는 거지? 저 사람들은 날 어떻게 생각할까? 대체 무슨 의도로 그런 말을 한 걸까? 나는 왜 이러지? 맙소사, 쟤는 정말 잘나네. 쟤가 하는 것 반만큼만 하면 소원이 없겠다. 어제 나는 왜 그렇게 말했을까? 어떻게 해야 하지? 난 이걸 해결하지 못할 거야."

이처럼 끝도 없이 제자리만 맴도는 생각의 미로 속에 갇혀 본 적이 있는가? 자신을 더 못나 보이게 하고 슬프고 불안하게 만드는 생각 말이다. 아마 다른 모든 사람이 그렇듯 당신도 그런 적이 있을 것이다.

생존을 위해 생겨난 습관

뇌가 다른 사람들의 생각과 취향에 대해 자주 생각하는 것은 진화론적으로 설명할 수 있다. 인류 역사 초기에는 생존을 위해 주변을 확인하고 비교하며 다른 사람들을 살피는 것이 더없이 중요했다. 모든 측면에서 서로가 서로에게 훨씬 더 의존했다. 동물과 다른 부족의 끊임없는 위협 속에서 옆에 있는 사람이 친구인지 적인지, 어떤 위험이 도사리고 있는지 파악하는 것은 매우 중요했다. 오늘날 사회는 외부의 물리적 위협은 줄었지만 뇌의 기능과 대응 방식은 여전하다. 그리고 바로 지금, 이러한 뇌의 사고방식은 SNS에서 자신을 과시하고 동시에 다른 사람과 자신을 비교하는 문화로 이어지고 있다. 뇌는 계속 스스로를 평가하고 다른 사람들의 평판을 살핀다.

자기 자신에 대해 고찰하는 시간은 분명 필요하지만 우리는 점점 더 지나치게 자기중심적으로 변해가고 있으며 자기 자신에게만 최선인 결정을 내리는 경향이 강해지고 있다. 시야는 점점 좁아지고 다른 사람을 포용할 여유도 사라지고 있다. 자기 자신에게만 지나치게 집중하면서 개인주의가 팽배하고 삶에 대해 근시안적인 결정을 많이 한다. 간단히 말해서 자아가 너무 비대해져 있다.

디폴트 모드의 양면

스트레스를 받으면 자기 자신에게 골몰하면서 몸을 숨기려는 경향이 커진다. 해야 할 일에 집중하지 않고 제자리만 맴도는 생각의 고리에 빠지면 사람은 행복할 수 없다. 한 연구에 따르면 우울감을 느끼는 사람들은 다른 사람들보다 자주 생각의 고리에 빠지며 충만한 호기심으로 뭔가를 탐구하고자 하는 의지도 부족하다고 한다. 그 반면에 일상적으로 명상을 자주 하는 사람들은 다양한 것에 집중하는 능력이 뛰어나고 소위 말하는 디폴트 모드default mode에서도 빨리 벗어난다고 한다.

디폴트 모드는 우리가 공상에 빠져 있을 때, 예전 기억과 사건을 되돌아볼 때, 자신에 대해 생각할 때, 뭔가에 집중하지 못할 때 활성화된다. 자신에 대한 생각에 초점을 맞추는 것이다. 앞서 이야기했지만 디폴트 모드가 활성화되면 자기 자신에게 몰두하게 될 뿐만 아니라 기분도 나빠진다.

그러나 디폴트 모드에는 다양한 긍정적인 기능도 있다. 뇌의 디폴트 모드는 파멸적인 이야기를 수집하는 것을 무척 좋아하는데 이 기능이 없으면 인류는 살아갈 수가 없다. 만약 디폴트 모드가 없다면 사회적 맥락을 이해하고 인지적 사고를 형성하는 데 엄청난 어려움을 겪을 것이다. 알츠하이머나 자폐증을 앓는 사람들이 그런 경우다. 외상후스트레스장애나 우울증을 겪는 사람들도 마찬가지다.

디폴트 모드가 없이는 세상과 다른 사람들을 이해하기가 어렵다. 사회적인 관계를 형성하려면 다른 사람들의 감정을 이해하고 공감하며 누군가의 행동에 옳고 그름을 판단할 수 있어야 한다. 디폴트 모드는 중요한 사회적 특질과 집단 내 지위를 이해하고 내용을 파악하고 기억하도록 도와준다. 이를테면 특정 사건과 관련된 세세한 내용을 기억하게 한다. 이처럼 긍정적인 기능도 많으므로 우리가 어떻게 활용하는지가 중요하다.

끝없는 생각의 고리에서 벗어나는 법

뇌의 디폴트 모드를 넘어서서 자신의 정신을 제어하고 싶다면 다른 사람의 외모나 눈에 보이는 과시, 자신에 대한 생각에 무게를 두지 않아야 한다. 그러려면 어떻게 해야 할까? 감동을 경험하면 된다. 신경학자들은 감동이 디폴트 모드를 깨뜨릴 수 있다는 사실을 발견했다. 다시 말해 제자리를 맴도는 생각의 고리에서 벗어날 기회를 주는 것이다.

미힐 판 엘크 부교수는 감동과 관련한 여러 연구를 진행했는데 그중에서도 소위 뇌 지도화^{brain mapping}, 그러니까 뇌의 지도를 그리는 방식을 이용한 연구가 있다. 앞에서 이미 판 엘크 부교수의 연구를 다루었지만 뇌 지도화는 감동 분야 연구에서 결정적인 역할을 할 수 있으므로 다시 한번 살펴보겠다. 판 엘크 부교수와 연구팀은 fMRI로 사람들의 뇌를 스캔해서 감정이 어떻게 발생하고 어디에서 만들어지는지 살펴보았다. 이들은 감동이 어떤 영향을 미치는지 살펴보았고 감동을 느낀 순간, 뇌의 디폴트 모드 활동이 둔화된다는 사실을 발견했다. 산책을 하면서 한숨 돌리고 감동을 만끽하면 뭔가 번뜩이는 생각이 피어오른다는 것이다.

감동할 때 우리는 자기 자신에게 초점을 맞추는 대신 외부로 시선을 돌린다. 다른 사람들과 유대감이 커지고 세계의 일부라고 느낀다. 이는 명상과 마음챙김을 통해 얻으려고 애쓰는 것과 동일한 효과다. 다른 사람과 비교하고 자기 자신을 파멸하는 생각을 멈출 또 다른 길이 있었던 셈이다.

문제 우리는 자신만의 생각에 갇혀서 종종 스스로를 지옥에 빠뜨리는 우를 범한다.

감동의 효과 정신적인 이완이 가능해진다. 자기중심적 사고에서 벗어나며 세계를 바라보는 관점도 확장된다.

사회성
타인을 열린 마음으로 대한다

심리학 용어로 다른 사람에게 이득이 되도록 행동하는 것을
친사회적 행동이라고 한다. 이는 감동의 효과 중 하나이기도
하다. 이 책에서는 이해가 쉽도록 바깥세상에 적극적으로 개
입하면서 다른 사람들에게 도움이 되는 행동을 하도록 만드
는 여러 특징을 통틀어서 '사회성'이라고 지칭하겠다.

커다랗고 온전한 무언가의 일부라는 기분

폴 피프Paul Piff 심리학 부교수는 감동이 자신에 대한 관심을 확

연히 낮춘다고 확신한다. 이런 감동의 원천은 영적인 것, 지식, 예술 혹은 자연 그 어떤 것이든 상관없다. 앞서 말했듯, 감동하는 순간에 사람들은 자기 자신에게서 바깥으로 시선을 돌리게 된다. 피프 부교수에 따르면 감동이라는 압도적이고 강력한 감정 때문에 자신을 더 작은 존재이자 더욱 커다란 무언가의 일부라고 느끼게 된다고 한다. 그의 연구에 참여한 사람들은 감동을 경험한 이후 '나 자신보다 커다란 무언가의 존재를 느꼈다', '나는 내가 커다랗고 온전한 무언가의 일부처럼 느껴졌다', '내가 일상 속에서 걱정하는 것들이 꽤나 사소한 것처럼 느껴졌다'와 같은 문장에 공감했다. 또한 감동은 자기 자신과 자신의 행동에 몰입하기보다는 공공의 이익에 좀더 관심을 가지도록 만든다. 이를 통해 사람들은 존재감을 느끼고 세상과 연결되며 공통분모를 가진 우리라는 인식과 함께 공동의 책임감을 느끼게 된다.

몇 년 전에 폴 피프 부교수는 관대함에 대한 사람들의 경향을 살펴보기 위해 일련의 실험을 진행했다. 이 책을 시작할 때 이야기한 유칼립투스 실험을 기억하는가? 같은 연구에서 피프 부교수는 1,599명을 대상으로 경제학적 게임을 진행했다. 실험 결과, 감동을 자주 경험하는 사람들이 공감과 같은 다른 친사회적인 감정을 경험하는 사람들보다 훨씬 더 관대한 것으로 드러났다. 또한 더 작은 규모의 실험 참가자들에게 얼마나 자주 감동하는지 조사한 다음 관대함의 정도를 측정하는 시험지를 나눠주었다. 마찬가지로 감동을 경험한 사람들이 사랑 같은 다른 긍정적인 감정을 경험한 사람들보다도 훨씬 관대한 것으로 밝혀졌다.

연구자들은 감동이 다른 사람들에 대한 행동에도 직접적인 영향을 미치는지 살펴보기로 했다. 먼저 실험 참가자들에게 산 정상의 풍경 혹은 유독 아름다웠던 해변의 석양처럼 감동의 경험을 떠올려보라고 했다. 그런 뒤 실험 참가자들이 좀 더 윤리적으로 옳은 행동을 하는지를 확인할 수 있는 과제를 제시했다. 실험 참가자들은 감동을 경험한 후 자신을 중요하게 생각하는 마음이 줄어들고 대신 어마어마하게 커다란 무언가와 연결되어 있다는 느낌이 들었다고 적었다. 후속 분석에 따르면 자기 자신이 커다란 존재의 일부라는 느낌이 참가자들의 윤리적인 결정과 행동에 영향을 준 것으로 드러났다.

타인을 기꺼이 돕게 하는 감정

감동에 대한 연구는 대부분 미국에서 이뤄지고 있다. 따라서 감동과 그 효과가 보편적인지를 확인하기 위해 다른 나라의 연구를 함께 살펴볼 필요가 있다. 중국의 한 연구소는 도교 사원이 감동의 원천이라고 주장한다. 중국인들에게 언제 어디에서 감동을 경험했는지 물어보면 도교 사원이라는 대답이 심심치 않게 돌아온다. 연구자들은 사원에서 도사들이 매일같이 영적인 의식을 치르기 때문만은 아닐 거라고 추측했다. 감동이 친사회적인 행동으로 이어진다는 기존 연구 결과와 연결 지었다. 이는 폴 피프 부교수의 연구 결과와도 맥을 같이했다.

연구자들은 여기에서 좀 더 구체적으로 파고들었고 도교 사원이 역사적으로 구빈원의 역할을 해왔다는 사실도 주의 깊게 봤다. 기근이나 자연재해가 발생했을 때 도사들은 피난처를 제공하고 집을 잃은 사람들에게 도움을 주었다. 중국의 연구자들은 이러한 사실들을 종합하여 도사들이 위기에 처한 다른 사람들을 적극적으로 도운 이유는 그들의 거처인 사원이 감동을 일깨우고 경험할 수 있도록 설계되었기 때문이라고 추정했다. 그러나 학계에서 종교적 믿음은 아무런 가치가 없기 때문에 감동과 타인을 도와주는 행동 사이에 과학적인 연결 고리가 있는지 찾아야 했다. 연구자들은 광둥 지역의 대학교 두 곳에서 3,347명의 학생들을 실험 참가자로 모집했다.

쉽게 감동을 경험하는 사람들이 세계와 다른 사람들을 열린 마음으로 대하는지 살펴보는 게 핵심이었다. 결과는 '그렇다' 였다.

'감동 지수'가 높을수록 좀 더 친사회적인 행동을 보였다. 결정을 내리기 전에 다른 사람들을 더 생각했고 다른 사람들에게 피해를 주지 않으려고 했으며 다른 사람들의 이익을 보호하려고 행동했다. 더욱 흥미로운 것은 감동에 대한 경험과 그에 따른 행동이 계속해서 영향을 미쳤을 뿐만 아니라 시간에 대한 인식에도 영향을 주었다는 점이다. 다른 실험 집단보다 삶을 더욱 낙관적으로 바라봤고 과제를 수행할 때도 좀 더 넓은 관점에서 살펴봤다.

감동을 나누고 싶어 하는 이유

감동과 시간에 대한 연구를 진행했던 이들은 시간이 더 많다고 느낀 실험 참가자들이 뭔가를 기꺼이 내어주려 한다는 사실도 밝혀냈다. 이 뭔가는 돈이나 물건 같은 물질적인 게 아니라 바로 자신의 시간이었다. 선한 목적으로 행동하며 평상시 생활 속에서 다른 사람들을 돕는 데 자신의 시간을 썼다. 다른 연구자들도 비슷한 효과를 관찰했다. 장대하고 웅장한 풍경을 본 실험 참가자들은 로또에 당첨된다면 친구들과 가족들에게 당첨금을 나누어주거나 자선 단체에 기부하겠다고 답했다. 감동을 느끼면 다른 사람들을 더 배려하게 된다는 또 다른 신호였다.

그렇지만 연구 결과가 한결같은 것은 아니다. 이따금 다른 결과가 나오기도 한다. 예를 들어, 한 연구에서는 감동을 경험한 실험 참가자들이 다른 참가자 집단에 비해 이타적이기는 했으나 자연재해 피해자들에게 음식, 의류, 돈 혹은 혈액을 기부하려는 경향에서 두드러진 차이가 나지는 않았다.

현재 연구자들은 감동을 확산할 방법을 연구하고 있다. 폴피프 부교수는 사람들이 감동을 경험하면 그 감정을 다른 사람들과 나누고 싶어 한다는 사실을 밝혀냈다. 그는 감동도 전염될 수 있다고 말한다. 무엇보다도 인터넷 등을 통해 감동을 일깨우는 경험담을 기꺼이 나누고자 한다는 것이다. 피프 부교수는 어쩌면 감동이 긍정적인 경험을 다른 사람과 기꺼이 나누고 싶게 만들기 때문에 사람들을 하나로 묶을 수 있는 새로운 방법이 될지도 모른다고 했다.

물론 감동을 경험하면 좀 더 친절해진다. 폭력적인 컴퓨터 게임일지라도 감동을 촉발하는 요소가 있으면 덜 공격적인 태도를 보인다는 연구 결과도 있다. 인생이 경이로움 그 자체이듯 좋은 관계, 긍정적인 감정, 기분 좋은 사건들은 우리를 행복하게 만드는 가장 빠른 촉매제가 될 수 있다.

문제 개인주의가 확산되고 있다. 다른 사람에게 베풀고 공공의 이익을 위해 싸우려는 의지가 줄어들고 있다.

감동의 효과 외부에 관심을 기울이게 된다. 주변의 문제에 협조적으로 변하며 더 잘 공감한다.

삶의 만족감
하루하루가 가치 있다고 생각한다

감동과 그 효과에 대한 연구에서 대부분의 실험 참가자들이 감동을 경험한 후 삶에 대한 만족도가 올라갔다. 감동을 경험한 집단은 감동을 경험하지 않은 대조 집단보다 더 행복하고 만족스러워했다. 약간의 감동만으로도 삶에 활력을 불어넣을 수 있었다.

연구자들은 한 학생 그룹에 2주 동안 매일 감동에 대한 경험을 기술하게 했다. 그 결과 평균적으로 3일에 한 번씩 감동을 일깨우는 경험을 한 것으로 드러났다. 늦은 밤 길거리에서 버스킹 음악을 듣는 것부터 정의를 수호하려는 사람에게 경외심을 느끼거나 빨간 단풍잎이 햇빛을 받으며 흔들리는 것까지 감동의 원천은 다양했다. 아주 사소한 일로도 감동을 경험한 것이다. 게다가 이 연구에서 더욱 주목할 것은 감동을 경험한 사람들이 몇 주가 지난 후에 기분이 더 나아질 것으로 예측된다는 사실이었다. 이 말은 일상에서 의식적으로 감동을 받아들이려 노력해야 한다는 주장을 뒷받침하기에 충분하지 않을까?

삶이 더 가치 있게 느껴진다

한 연구자 그룹은 '감동하는 성향'의 사람, 그러니까 감동을 자주 경험하는 사람들이 일반적으로 기분이 더 좋은지 조사했다. 동시에 삶의 의미^{MIL, meaning of life, 일반적인 연구 개념}와 물질만능주의에 대한 개인별 태도도 살펴보았다. 연구에 따르면 감동을 좀 더 쉽게 느끼는 성향의 사람들이 삶의 의미와 물질주의 사이에서 좀 더 자주 행복을 느끼는 것으로 밝혀졌다. 작은 일에 집착하거나 뭔가를 가지려고 하는 경우도 적었다. 감동을 자주 경험하는 사람들은 감동을 덜 경험하거나 감동을 거의 경험하지 못하는 사람들보다 더욱 행복해했으며 삶에 큰 의미를 느꼈다.

물질만능주의를 예방하는 백신

감동을 받은 이후, 물질 소비 욕구와 뭔가를 경험하고 싶어 하는 욕구 사이에 차이가 있는지를 알아보았다. 한 그룹은 에펠탑에 대해 읽게 했다. 거대한 탑, 웅장한, 높은 곳에서 내려다보는 환상적인 파노라마 뷰 등 화려한 수식어를 사용했기 때문에 글을 읽고 상상하는 것만으로도 충분히 감동을 불러일으킬 수 있었다. 다른 그룹은 탑에서 내려와 다소 평범하고 약간은 지루한 풍경을 설명하는 글을 읽게 했다. 감동이라는 단어는 두 그룹의 글에 모두 들어 있지 않았다.

글을 읽은 뒤 모든 실험 참가자는 물질적인 선물 혹은 경험과 관련된 선물 중 하나를 선택했다. 에펠탑에 대해 읽은 사람들은 지루한 글을 읽은 사람들보다 경험과 관련된 상품을 훨씬 더 많이 택했다. 이쯤 되면 감동을 소리 높여 칭송하는 게 그다지 이상할 것도 없다. 어쩌면 감동이라는 감정은 물질만능주의가 가져다주는 부정적인 영향에 맞설 수 있는 일종의 백신일지도 모른다.

문제 우리는 대부분 더 많이 일하고 더 많이 얻으려 한다. 좀처럼 만족하는 법이 없다.

감동의 효과 물질적인 것보다 더 가치 있는 것을 좇게 된다. 자신의 존재와 이미 가지고 있는 것에 감사한다.

환경 감수성
자연을 더욱 아끼게 된다

감동이 우리가 환경을 대하는 태도에 어떤 영향을 미치는지에 대한 연구는 아직 미미하다. 그러나 몇 안 되는 연구에서 한 줄기 빛 같은 경향을 관찰할 수 있다. 감동은 사람을 이타적으로 만들고 친사회적 행동을 활성화한다. 우리는 감동을 통해 서로에 대해, 세계에 대해 더 관심을 기울이게 된다. 앞서 말했듯이 감동을 경험하면 시간이 넉넉하다고 느끼기 때문에 당장의 물질적인 이득보다 장기적인 안목에서 친환경적인 선택을 한다.

상하이 교통대학교 연구자들은 감동이 실질적으로 좀 더 친환경적인 선택을 하도록 이끈다는 최초의 징조를 포착했다.

감동과 행복감 그리고 중립적인 감정 상태를 비교해 살펴본 결과, 감동이 친환경 소비를 촉진한다는 것을 발견한 것이다. 감동을 경험하면 자아가 작아지면서 자신을 자연의 일부라고 느끼며 환경 보호에 책임감을 갖기 때문이다. 감동을 경험한 이들은 '나'라는 단어보다는 자연을 포괄하는 '우리'라는 용어를 사용하고 좀 더 친환경적인 선택을 하겠다는 강한 의지를 보였다.

문제 환경 보호를 위해서는 태도를 바꿔야 한다. 하지만 쉽지 않다.

감동의 효과 자신을 자연의 일부라고 느끼며 환경 보호에 책임감을 갖는다.

| 3장 |

자연이 주는 감동

노을, 바다, 숲이 가진 치유의 힘

우리는 왜 힘들 때 자연을 찾는가?

나무 사이를 걷다 보면 몸이 편안해지고 동시에 감각들이 깨어나면서 감정이 고조된다. 감각이 살아나면서 온전히 삶을 느낀다. 사고는 명료해진다. 과거와 미래가 사라진다. 일상 속에서 느끼던 스트레스가 줄어든다. 그것은 자연이 주는 최고의 축복이다. 물론 자연 속을 거닌다고 해서 일상적인 슬픔과 걱정거리가 없어지지는 않는다. 그러나 숲속에서, 너른 해변에서, 끝없이 펼쳐진 강가에서 사람들은 슬픔과 걱정이 줄어드는 느낌을 받고 왠지 모르게 위로받는다. 마치 자연이 삶을 편안하게 다독여주는 하나의 층을 만들어서 갑자기 상황을 명료하게 정리해주는 것만 같다.

숲이 가진 치유의 힘

감동을 탐구하기 시작했을 때, 한 사람이 우리의 인스타그램에 메시지를 보냈다. 우리가 말하는 감동이 정확히 무엇인지 모르겠다는 내용이었다. 그러나 곧이어 자세하게 소개할 벤과의 산책 이야기를 업로드하자, 그는 숲이 치유의 힘이 있다는 사실에 "그렇기는 하죠"라고 수긍했다. 그는 세 살배기 아이가 중병에 걸려 수개월 동안 병원을 드나들며 온갖 검사를 받았으며 이제는 앞으로 무슨 일이 벌어질지 의사의 통보만 기다리고 있다고 했다. 그는 "모든 게 불확실했고 눈물과 절망이 그림자처럼 따라붙으면서 저를 집어삼키려고 할 때, 저는 숲으로 도피했어요. 금세 평안해졌고 숨 쉬는 게 좀 편해졌죠"라고 했다.

수많은 사람이 위안과 느긋함, 더 나아가서는 삶의 의미를 찾아 숲과 들판으로 간다. 자연을 찾아갈 때마다 몸은 깊은 숨을 토해내며 회복 상태로 접어든다. 나무, 이끼, 새들의 지저귐 또는 파도가 부서지는 소리에 둘러싸이면 우리는 편안함을 느낀다. 몸을 이완시키는 신체 시스템이 작동하여 삶에서 정말 중요한 것들에 집중하게 된다. 자연 속에서 사람들은 기분을 좋게 하는 일에 마음을 쏟고 싶을 만큼 여유로워진다.

아름다움에 감탄할 때 영혼이 확장된다

감동은 석양이 가진 힐링의 힘, 무지개의 마법 같은 힘, 모든 감
각을 깨우고 명료하게 만드는 자연 경관 등과 연결되어 있다.
감동은 각기 다른 자극을 통해 일어나는 개별적인 감정이지
만 이들 사이에는 공통점이 있다.

우리는 태양이 하늘을 주홍빛으로 물들이는 것을 보면서
감동한다. 이런 경험은 유사 이래 시인, 작가, 사진가, 예술가
에게 지속적인 영감의 원천이었다. 마하트마 간디는 감동에
깃든 힘을 다음과 같이 묘사했다.

> "석양이나 달의 아름다움에 감탄할 때 창조주에 대한 경외감을
> 느끼며 내 영혼이 확장된다."

유튜브에는 폴 요세미티베어 바스케스Paul The Yosemitebear
Vasquez가 쌍무지개에 감격해 눈물을 흘리는 동영상이 있다.
조회 수가 4,600만 회를 웃돈다. 자연의 경이로움에 감동하여
눈물을 흘리는 모습에는 누구든 매료될 수밖에 없다.

그랜드캐니언은 아찔한 풍경을 감상하기 위해 매년 600만
명에 달하는 사람들이 방문하는 곳이다. 라니 시오타 부교수

도 살면서 느낀 경외감 중에서 가장 큰 경외감을 그랜드캐니언에서 경험했다고 한다. 장장 5시간 동안 걸을 때는 그다지 유쾌하지 않았으나 세상에 둘도 없는 정경이라는 동행인의 설득에 넘어갔다. 시오타 부교수는 협곡 가장자리에 선 순간, 넋을 놓을 정도로 어마어마한 경험을 했다.

시오타 부교수는 연구자로서 자신이 느낀 그 감정을 연구해야겠다고 생각했다. 심박수가 증가하고 동공이 확장하는 식으로 신경계를 자극하는 다른 긍정적인 감정과 달리 감동은 놀랍게도 마음을 차분하게 하는 진정 효과가 있었다. 그랜드캐니언의 사진을 본 사람들은 교감신경계의 투쟁 – 도피 반응이 감소했으며 이는 감동을 경험했을 때 마음이 가라앉으면서 신체가 이완되는 것과 일치했다. 하지만 자연에서 감동의 효과를 얻기 위해 항상 이렇게 먼 길을 떠나야 할까? 아니다. 실물이 아니더라도 자연을 찍은 사진이나 동영상만으로도 충분하다.

인류와 자연의 연결 고리를 회복하려면

앤드루 R. 에드워즈Andrew R. Edwards는 교육자이다. 자연, 생태적

균형, 지속 가능성에 대한 일련의 저서로 수상 경력이 화려하다. 그는 경이로움과 아름다움이 맞물리면 사람이 겸허해지며 경이로움과 아름다움은 사람을 인생이라는 그물에 걸리게 하는 미끼라고 했다.

사람들에게 어디에서 감동을 경험했는지 물어보면 자연이라는 대답이 20~30%에 이른다. 자연이 감동의 가장 큰 원천이라고 주장할 만하다. 자연은 실제로 어마어마하다. 순식간에 매료될 수 있다. 그 아름다움에, 신선함에, 향기에, 소리에, 신비로움에, 자연 그 자체의 경이로움에 빠져든다. 엽록소로 가득한 잎 위에서 반짝이는 햇빛, 나뭇가지 사이에 쳐진 거미줄, 잿빛으로 얼룩덜룩한 돌무더기, 콸콸 쏟아지는 신선하고 차가운 물. 여기에도 역시 창조의 천재성, 순환하는 생태 시스템, 자연과 동물의 협동과 상호 작용, 삶과 죽음 등이 밀접하게 얽혀 서로서로 맞물려 있다. 자연은 감각적인 차원과 지적인 차원 모두에서 감동을 불러일으킨다.

우리는 자연을 보고 감동하기 때문에 자연을 사랑한다고 말한다. 초기 인류는 생태계와 다양한 다른 종들이 서로 돕는 방식을 이해하고 있었다. 그러나 오늘날의 인류는 초기 인류가 자연을 이해하기 위해 맺었던 연결 고리 중 일부를 상실했다. 대커 켈트너 교수는 오늘날 인류가 이 연결 고리를 회복하려고 노력하고 있다고 말했다. 또한 인류가 자연을 보살피는 이유는 자연에서 감동을 받기 때문이며 여러 연구 결과에서 이를 확인할 수 있다고 했다. 켈트너 교수는 감동이 기후 변화와 이산화탄소 배출에 맞서 싸우는 데 중요한 역할을 할 수 있다고 믿는다.

숲이 우리 몸에 미치는 영향

산림욕은 숲속에서 목욕한다는 뜻으로 모든 정신을 숲의 공기 속에 맡기는 행위다. 자연을 보고, 냄새 맡고, 느끼고, 듣고, 맛보는 것이다. 이 개념은 1982년에 일본 정부가 '신린요쿠森林浴, しんりんよく'라는 이름으로 처음 만들어냈다. 당시 일본 정부는 일본인들이 겪는 강도 높은 스트레스와 건강 악화가 과로와 지나친 실내 생활 때문이라고 판단했다. 일본 정부는 직관적으로 자연과 유대 관계를 재형성해야 한다는 것을 알아챘다. 숲이 건강 증진에 미치는 긍정적인 효과에 대해 대대적인 연구가 진행되었고 이후 산림욕은 공식적인 과학적 치료법이 되었다. 현재 산림욕은 일본에서 가장 중요한 예방적 건

강 조치 중 하나로 꼽힌다. 산림욕을 하며 시간을 보낸 사람들은 도시에서 산책한 사람들보다 혈압, 심박수, 코르티솔 수치가 모두 낮았다. 또한 면역 체계를 강화하는 효과뿐만 아니라 스트레스, 우울증, 불안을 치유하는 데도 도움이 되었다.

피톤치드의 효과

산림욕은 특정 지점까지 걸어가거나 계획한 걸음 수를 채우기 위해, 또는 숲을 탐구하기 위해 걷는 게 아니다. 오히려 그보다는 일상의 스트레스에서 한숨 돌리는 것이 목적이다. 속도를 늦춰서 평소 같았다면 보지도 듣지도 못했을 것들에 주의를 기울인다. 산림욕은 일본인 절반 이상이 믿고 있는 일본 고유의 민족 종교인 신토神道, しんとう의 영향을 받았다. 신토는 '신의 길'이라는 뜻으로 일본어에서 도道는 중국 도교에서 말하는 '도道, tao 또는 dao'와 같은 의미다. 주로 나무, 돌, 바람, 냇물, 폭포 같은 자연에 영혼이 깃들어 있다는 생각과 관련이 있다. 이러한 문화권의 사람들은 자연에 깊은 경의와 유대감을 느끼기 때문에 일본은 물론 한국에서도 산림욕은 주로 과학적인 영역에서 다뤄지고 있다. 자연에서 휴식을 취할 때 뇌와

신체에 어떤 영향이 있는지를 중점적으로 다루며, 이를 확인하기 위해 호흡과 심박수를 측정한다.

또한 나무가 뿜어내는 피톤치드도 중요하다. 피톤치드는 나무와 관목이 해충과 균류로부터 자신을 보호하기 위해 내보내는 물질이다. 피톤치드의 효과는 암 치료에도 활용할 수 있다. 피톤치드는 종양에 맞서 싸우는 데 중요한 역할을 하는 체내 자연살해세포natural killer cell를 활성화시킨다. 한 연구에 따르면 이틀 연속으로 2시간가량 숲을 산책한 사람들은 자연살해세포의 활동이 50% 증가한 것으로 나타났다.

일본에서는 이 사실을 무척 중요하게 여겨 산림욕 지도자들의 자연살해세포 활성화 수준이 얼마나 높은지 혈액 검사로 측정하기도 한다. 오늘날 공인 산림욕 지도자 수는 50여 명에 달한다. 또한 어떤 나무가 피톤치드를 가장 많이 발산하는지를 측정하여 40여 곳을 치유의 숲으로 지정하기도 했다. 한국에서는 인터넷 중독자부터 폭력 가해자에 이르기까지 500명 이상이 함께 숲을 거닐며 교육을 받기도 했다.

숲 테라피

숲과 그다지 깊은 관계를 맺고 있지 않은 서구에서 산림욕은 자연과 유대감을 재생성하고 자신을 자연의 일부로 느끼게 하는 데 중점을 두고 있다. 우리는 직접 산림욕의 효능을 체험해보기 위해 미국에서 가장 노련한 숲 가이드이자 신린요쿠 로스앤젤레스Shinrin Yoku Los Angeles 창립자인 벤 페이지Ben Page를 앤젤레스 국유림에서 만났다. 그는 2016년부터 자연 체험 프로그램을 이끌고 있으며 전 세계에서 강연을 펼치고 있다. 최근에는 핀란드와 노르웨이를 방문해 숲 테라피 지도자들을 교육했다. 우리가 차에 올라타자 그는 숲에 대해 알려주거나 실질적인 문제에 대한 어떤 해결책도 제공하지 않을 거라고 말했다. 자신은 선생님도 치료사도 아니고 숲 테라피 가이드이며 숲을 통해 자연과 우리 자신에 대해 배울 수 있도록 도와줄 뿐이라는 것이다.

> "숲에서는 다들 자신만의 독특하고 아주 개인적인 경험을 하게 됩니다. 저는 당신에게 무엇이 필요한지 전혀 모릅니다. 하지만 당신에게 필요한 경험을 하도록 환경을 조성하며 도와줄 수는 있죠."

산등성이를 타고 오를수록 길은 구불거렸다. 구름이 산꼭대기에 걸쳐 있었지만 따사로운 햇살이 구름을 뚫고 쏟아졌다. 우리는 번듯하게 조성된 산책길 입구인 스위처 폭포 길을 향해 흔들거리며 나아가 주차장에서 멈춰 섰다.

나무판 입구가 세워진 낡은 다리 아래로 높게 솟구치며 흐르는 개울이 있었다. 우리는 다리를 건너 마른 땅으로 넘어갔다. 길은 나무에 가려 보이지 않았다. 차가운 아침 공기에 우리는 재킷을 더 단단히 여몄다. 앤젤레스 국유림에는 겨울과 봄이 공존하고 있었다. 길 초입에서 벤 페이지는 자연에 대해 설명했다. 그리고 지금 이 순간에 온전히 존재하면서 몸 안에 자연을 받아들이는 방법에 대해 이야기했다. 그는 이것을 몸챙김bodyfulness이라고 불렀다.

우리는 심호흡하고, 눈을 감고, 온 정신을 우리를 둘러싼 자연과 숲 그리고 우리의 몸에 집중했다. 크고 작은 소리에 귀를 기울이며 얼굴에 와 닿는 공기를 느꼈다. 콧구멍, 입술, 목구멍을 통과하는 공기에 집중했다. 몸을 굽히고 손으로 땅을 만지고 흙을 약간 집어 손가락으로 비벼보기도 했다. 잎사귀 몇 개를 줍기도 하고 차갑고 축축한 안개 같은 향기로 손과 콧구멍을 가득 채우기도 했다. 그런 다음 몸이 어떻게 땅을 딛고 서 있는지 느껴보고 발이 닿은 땅에 집중했으며 따사로운 햇살이 얼굴을 쓸고 지나가는 것을 느끼기도 했다. 벤 페이지는 나무와 돌멩이, 숲 전체가 우리를 보고 있다고 상상하면서 아주 천천히 눈을 뜨라고, 그렇게 자연을 진정으로 받아들이라고 했다. 그렇게 하자 실제로 자연이 살아 있는 존재로 느껴졌다. 마치 1800년대 작가이자 철학자이며 시인이었던 랠프 월도 에머슨이 『자연론Nature』에서 말했던 것이 생각났다.

> "나는 외톨이도 보이지 않는 자도 아니다. 그들(나무들)이 나를 향해 고개를 끄덕여 보였고 나 역시 그들을 향해 고개를 끄덕였다."

그런 다음 벤 페이지는 우리에게 경험을 단어로 표현하고 그와 관련해서 떠오르는 모든 기억을 이야기해보라고 했다. 우리는 서로의 경험을 나누고 귀 기울이면서 공감했다. 동시에 '올바르게' 느끼고 말했는지 의문이 들었지만 그는 바로 그런 의문을 내려놓으라고 했다. 옳고 그름은 없다는 것이다. 숲을 경험하는 것은 완전히 개인적인 체험이다. 그렇다면 산림욕과 감동은 어떤 측면에서 유사할까? 벤 페이지에 따르면 다음과 같은 공통점이 있다.

몸 챙김

정신적인 능력에 너무 많은 시간을 들이는 탓에 사람들은 몸을 제대로 챙기지 못하고 있다. 우리의 몸은 나름의 지혜와 지능을 가지고 있으며 삶을 이어가게 한다는 사실을 상기해야 한다. 산림욕을 통해 자신의 몸을 처음 느낄 때 감동이 올라오고 이후 이 감동이 자연을 체험하면서 자리를 잡게 된다.

자연과 연결되어 있다는 인식

우리는 인류와 나머지 다른 종을 구분 짓고 인간이 자연의 일부라고 느끼지 않는다. 그러나 인간은 지상의 모든 생명체와 삶의 경험을 공유하고 있다. 서로 연결되어 있다는 사실이 숲속에서는 명료해진다. 이는 감동의 중요한 원천이다.

상상력의 확장

상상력을 활용하여 현실을 이해하는 능력이 향상된다. 아인슈타인은 우리의 상상력이 지식보다 더 중요하다고 했다. 지식이 이미 알고 있는 내용과 관련 있다면 상상력은 온 우주와 연결해주는 연결 고리이기 때문이다. 자연 속에서 인류는 지식으로 설명할 수 없는 것들과 맞닥뜨리게 된다. 어쩌면 이해할 필요 없이 그저 감동받기만 해도 충분할지 모른다.

벤 페이지는 미국의 신화 및 비교 문학 교수인 조셉 캠벨
Joseph Campbell의 말을 인용하여 "나는 삶의 의미를 추구하는 사
람들을 믿지 않는다. 나는 무엇보다도 살아 있다는 것 자체를
만끽하는 사람들을 믿는다"라고 했다.

> "내게는 감동이 그래요. 감동은 당신을 잡아끌어서 얼굴을 후려
> 치죠. 당신은 지금 여기 살아 있는 겁니다. 다른 모든 것은 사라
> 지고 거의 모든 것이 아무런 의미도 없어지죠. 살아 있다는 그 거
> 대한 감정에 사로잡히게 되는 겁니다. 주변의 모든 것과 연결되
> 어 있다는 느낌이기도 하죠. 혼자가 아니라는 느낌 말입니다."

우리는 길을 따라 더 깊이 나아가며 움직임을 통해 숲을 경
험했다. 자기만의 속도로 빠르게 혹은 느리게 걸음을 옮겼다.
눈으로는 바람에 흔들리는 새잎들과 하늘을 배경으로 새로운
모양을 만들어내는 구름, 반짝이며 흐르는 냇물과 산비탈에
서 뛰어노는 다람쥐 두 마리를 보았다. 자연이 주는 감동은 내
적이면서 외적인 경험이다. 우리가 보는 것들은 외적으로는
움직임과 기억을 만들고 내적으로는 통찰력을 심어준다.

트라우마를 치료하는 등산의 힘

자연과 감동의 효능은 일본 의학에서뿐만 아니라 미국의 몇몇 의사들도 활용하고 있다. 34개 주에서 처방전에 보조 요법으로 '자연'을 적기도 한다. 오클랜드의 소아과 병원에서는 환자들에게 스트레스와 외로움을 줄이고 전반적으로 좋지 않은 건강 상태를 증진하기 위해 자연에서 감동을 경험해보라고 권하고 있다. 뉴욕에서는 한 의사가 공원에서 감동을 경험하면서 산책할 수 있는 모임을 조직하기도 했다. 소위 '감동 산책awe walk'이다.

퇴역 군인의 인생을 뒤바꾼 경험

래프팅이 트라우마에 시달리는 퇴역 군인과 위기 청소년에게 긍정적인 영향을 미친다는 흥미진진한 연구도 있다. 실험 참가자 모두 래프팅을 한 이후 스트레스 관련 증상이 급격하게 줄어들었다. 그 외에도 여러 훌륭한 효과를 보여준 연구 결과들이 있다. 그중 하나는 자살을 시도하려던 무척 불행한 한 남자, 바로 참전 용사 스테이시 베어^{Stacy Bare}의 사례였다.

스테이시 베어는 바그다드에서 돌아온 지 수년이 지났지만 여전히 우울증을 겪으며 자살에 대한 생각까지 하고 있었다. 그는 어마어마한 양의 코카인과 술로 이런 상태를 어떻게든 버텨보려 했다. 하지만 원하든 원하지 않든 전쟁터에서 보낸 7년의 세월이 수시로 떠올라서 한곳에 집중할 수가 없었다. 병원에 가도 특별한 이상이 없다고 진단받았지만 몸은 계속 아팠다. 차량 폭발, 강제로 문을 따던 일, '아침밥으로 아기를 잡아먹는 군인'이라고 손가락질하던 현지인들, 총에 맞던 기억이 계속 떠올랐다. 정상적인 생활을 할 수가 없었다. 어느 날 그는 두 가지 선택지를 자신에게 제시했다. 자살하거나 재입대하거나.

그때 오랜 친구로부터 그의 삶을 뒤바꿀 전화가 왔다. 스테이시 베어는 자신이 얼마나 우울한지, 사는 게 얼마나 힘든지 이야기했고 친구는 "여기로 와! 볼더에 와서 나랑 산 좀 타자" 라고 했다. 스테이시는 망설였다. 정신을 차리고 '재밋거리' 를 찾아 나설 여력도 의지도 없었기 때문이다. 물론 전에 정찰병으로 활동한 덕분에 몸이 탄탄했고 야외 활동도 좋아했지만 근육질에 키가 거의 2미터에 달할 정도로 몸집이 거대했기 때문에 산악 등반이 가능하겠냐고 생각했다. 그러나 한편으로 생각하면 잃을 게 뭐가 있나 싶기도 했다. 더 나빠질 것도 없었다.

그는 며칠 더 살아보기로 하고 볼더로 향했다. 5개의 정상이 있는 플랫아이언즈 산맥을 등반할 계획이었다. 붉은색의 산맥은 높고 험준했다. 일단 등반을 시작하자 스테이시는 오로지 밧줄을 단단히 잡고 벼랑에서 가장 안전하게 디딜 곳을 찾는 데만 집중했다. 암벽에서는 트라우마에 머물러 있을 여유가 없었다. 잠깐이라도 다른 생각을 하다가 조금만 헛디뎌도 그것으로 끝이었다. 고도로 긴장된 상태로 그저 존재할 뿐이었다. 스테이시는 자연의 일부가 된 것 같았고 몸과 정신이 하나가 되는 느낌이 들었다. 모든 게 고요해졌다. 암벽에 멈춰 서서 저 아래로 펼쳐진 너른 초원을 바라보자, 마법 같은 순간이 찾아왔고 문 하나가 열렸다. 거의 종교적인 체험과도 같았다.

산을 마주하는 것은 매우 큰 치유 효과가 있었다. 다른 그 어떤 것도 그와 비견할 수 없을 정도였다. 스테이시는 자신이 느꼈던 감정이 감동이라고 자신 있게 말했다. 이후 그는 자신의 경험을 다른 사람들과 나누고자 했다. 그는 자연의 힘을 확신했으며 비슷한 상황에 있는 사람들에게 치유의 기회를 주고 싶었다. 그렇게 그는 버클리 사회적 상호 작용 연구실 및 시에라 클럽^{Sierra Club}과 함께 연구 프로젝트를 시작했다. 시에라 클럽은 환경 단체로 매년 수만 명의 미국 아동들에게 자연을 경험할 기회를 제공하고 있다.

강을 건넜을 뿐인데 달라진 삶

크레이그 앤더슨Craig Anderson은 대학원생일 때 재미있으면서도 약간 어려운 연구 과제를 수행하고 있었다. 연구실이 아니라 실생활 속에서 '감정'을 측정하는 일이었다. 감정에 대한 지식은 실제 경험에 근접할수록 더욱 흥미진진해진다. 가장 좋은 방법은 강가에 서 있거나 누워서 밤하늘에 뜬 별을 올려다보는 사람을 관찰하는 것이다.

크레이그 앤더슨은 가난한 지역의 10대 52명과 아프가니스탄 및 이라크 참전 용사 72명을 초청했다. 두 그룹은 다양한 수준의 외상후스트레스장애를 안고 산다는 공통점이 있었다. 외상후스트레스장애는 불안, 우울증, 짜증, 편집증, 사회적 고립, 현저히 낮은 면역 체계, 높은 심장 질환 위험, 플래시백, 악몽 등이 증상으로 나타난다. 이러한 증상은 가정 폭력, 자해, 자살로 이어질 수 있다. 매일 17명의 참전 용사가 스스로 목숨을 끊고 있으며 참전 용사 중 3분의 1이 외상후스트레스장애 진단을 받는다. 무장 폭력이 심심치 않게 일어나는 위기 지역의 청소년들 역시 비슷한 스트레스 증상을 자주 겪는다. 백분율로 환산하면 전쟁 지역에 거주하는 사람들과 비슷한 수준이어서 깜짝 놀랄 정도다. 한 가지 주목할 점은 실험에 참가한 대부분의 청소년이 거주지 이외의 곳을 가본 적이 없고 일부는 자연을 경험한 적이 한 번도 없었다는 것이다. 어떤 청소년은 단 한 번도 별이 가득한 하늘을 본 적이 없다고도 했다.

이들은 출렁이는 고무보트를 타고 거친 급류를 탈 예정이었다. 온 힘을 다해 노를 젓고 얼음처럼 차가운 물에 흠뻑 젖으며 그날의 날씨와 바람을 고스란히 느끼면서 거세게 흔들리는 다른 사람들과 부딪혀야 했다. 캘리포니아에서 래프팅을 하기에 가장 좋은 곳은 샌프란시스코에서 불과 2시간 반 거리에 있었다. 시에라네바다산맥에서부터 아름답게 굽이치며 투명한 융빙수融氷水가 힘차게 흐르는 아메리카강이 바로 그곳이었다. 얼음처럼 차가운 급류가 에메랄드빛으로 빛나고 커다란 돌부리가 강물 곳곳에 솟아 있었다. 주변은 놀랍도록 아름다웠고 날씨도 좋았다.

이곳에서 실험 참가자들은 작은 고무보트를 타고 휘몰아치는 강물과 폭포를 뚫고 나가야 했다. 고무보트에는 최대 6명과 가이드 1명이 탈 수 있었다. 그들이 가장 먼저 연습한 것은 물에 빠졌을 때 다시 보트로 올라오는 방법이었다. 그런 다음다른 사람을 끌어올리는 방법, 노를 젓는 방법, 지휘하는 방법등을 배웠다. 모든 것을 배운 후에야 출발할 수 있었다.

래프팅 체험으로 일어난 변화

실험 참가자들은 출발 전 타액 검사를 통해 도파민과 코르티솔 수치를 측정했다. 또한 얼마나 자주 기쁨, 슬픔 혹은 스트레스를 느끼는지, 잠은 얼마나 잘 자는지에 대해서도 답했다. 래프팅 체험 한 달 후 참가자들에게 다시 타액 검사를 했고 같은 질문지에 대답하게 했다. 실험 참가자들의 기분과 생활 상태를 파악하기 위해 기쁨, 뿌듯함, 만족, 감동 등 긍정적인 감정을 1~7점으로 자체 평가하도록 했다. 그런 뒤 각자에게 일기장을 나누어주고 생각, 경험, 사회적 사건, 감정을 기록하게했다.

또한 실험 참가자들에게 외부로 시선을 돌려 다른 사람들에게 어떤 일이 벌어지고 있는지도 살펴보라고 했다. '유독 강렬한 감동을 경험한 것처럼 보이는 사람이 있는가?', '그 사람과 얼마나 친근감을 느끼는가?' 등을 살피게 했다. 이를 동료 보고peer-reporting라고 한다. 또한 연구팀은 고무보트에 고프로 카메라를 장착하여 하루 종일 참가자들을 녹화했다. 실험이 끝났을 때는 100시간가량의 영상이 촬영되었고 이 영상은 아주 유용한 기초 자료가 되었다. 연구팀은 사람들의 얼굴 근육 하나하나까지 세세히 관찰했으며 목소리와 음성을 특수한 프로그램으로 처리하여 농담을 하는지, 협력을 하는지, 편안한 상태인지 등을 파악했다.

두드러지게 줄어든 스트레스

래프팅 이후 추적 검사를 해보니 여러 흥미로운 결과가 나왔다. 실험 참가자 21%에서 전반적인 스트레스 상태가 감소한 것이다. 일반적으로 더 조화로운 관계, 사회적 웰빙 증진, 가족 간 유대감 강화 등을 반영하는 도파민 수치가 10% 상승했다. 게다가 삶의 만족도는 9% 높아졌고 행복감 자체 평가 점

수도 8% 상승했다. 이 수치는 두 그룹 모두에서 나타났다. 특히 참전 용사 그룹에서는 스트레스 관련 증후군이 30%나 줄어들었다. 이들은 플래시백이 감소하고 수면의 질이 좋아졌으며 경계심도 완화되었다고 보고했다.

자연에서 감동을 경험한 청소년들 역시 마찬가지였다. 청소년들은 그룹 내 다른 사람들은 물론 세계 전반과 더 연결되어 있다고 느꼈다. 크레이그 앤더슨은 이렇게 설명했다.

> "이런 경험을 하고 나면 자기 자신에 대한 관심이 전보다 줄어들게 됩니다. 머릿속의 우선순위에서 밀려나게 되는 거죠. 대신 모든 주의가 외부로 향합니다. 감동을 만들어낸 것, 외부 환경, 주변의 다른 사람들로 말이죠. 또한 청소년들은 이곳에서 본 아름다움이 소중하다고 했는데 무언가의 아름다움을 귀하게 여기게 되면 보살피고 싶기 마련이죠. 그게 망가지지 않기를 바라게 되는 겁니다."

같은 보트를 탔던 다른 사람들의 상황도 개선되었다. 이를테면 실험 참가자들이 비슷한 감정을 표출했고 비슷한 수준의 호르몬 농도를 보였다. 감동이 전염된다는 사실을 방증한 셈이다. 전반적으로 감동은 여러 다른 긍정적인 감정들보다 행복감에 지대한 영향을 주는 것으로 나타났다.

한 참전 용사는 자연이 자기 안의 전쟁을 잠재웠다고 느꼈지만 과학적으로 근거가 있을 줄은 몰랐다며 놀라워했다. 그는 침낭과 텐트, 래프팅, 산림욕이 오늘날 항우울제를 처방하듯이 쉽게 처방되기를 바란다고 했다. 물론 항우울제를 대체하는 게 아니라 보조 요법으로서 말이다.

자연이 주는 감동은 우리를 더욱 건강하고 기분 좋게 만드는 강력한 원천이다. 참전 용사와 위기 청소년들에게 그랬던 것처럼 지금 이 글을 읽는 여러분에게도 분명 긍정적인 영향을 줄 것이라 확신한다.

우주에서 지구를 바라본다는 것

조망 효과 overview effect에 대해 들어본 적이 있는가? 오늘날 우주선을 타고 우주에서 지구를 바라볼 기회가 있던 사람은 단 549명에 불과하다. 나머지 사람들은 지상에 발을 붙인 채 그 아찔한 경관을 사진이나 영상으로만 볼 수 있었다. 물론 장관이기는 하지만 지구 밖에서 실제로 보는 것과는 굉장히 다를 것이다. 우주비행사에게 우주 비행이 어땠는지 물으면 대부분 꿈을 꾸는 듯한 눈빛으로 너무나 어마어마한 경험이라서 말로 표현할 수가 없다고 한다. 그래도 우주비행사들은 자신의 언어를 통해 그 경험의 정수를 설명하려고 노력했다.

우주에서 지구를 바라본다는 게 얼마나 믿을 수 없고 마법 같은 경험인지 설명하기가 무척 어렵습니다. 무엇보다도 그 어느 것과도 비교할 수 없는 불가해한 아름다움을 간직한 지구가 눈앞에서 부드럽고 천천히 흘러가는 광경은…… 아무리 앞서 훈련을 받고 지식을 습득했더라도 누구라도 그 광경에 매료되어 전율하지 않는 사람은 없을 겁니다.

캐서린 D. 설리번(Kathryn D. Sullivan), 나사 우주비행사

비행 전 누군가가 제게 "곧 달에서 지구를 보게 될 텐데 제정신을 차릴 수 있겠습니까?"라고 묻는다면 저는 "당연히 아니겠죠"라고 답했을 겁니다. 달에 발을 디디고 뒤를 돌아 지구를 내려다보는 순간, 눈물이 터져 나왔습니다.

앨런 셰퍼드(Alan Shepard), 나사 우주비행사

저도 사진도 보고 다른 사람들의 얘기도 물론 들어봤죠. 그런데, 직접 경험한 거랑은 정말 차원이 달라요. 비행 궤도에서 바라본 지구는 거짓말처럼 아름다웠어요. 정말 그 어떤 사진에서보다도 더 아름다웠어요. 지구에서 벗어났다는 게 실감이 나죠. 그렇지만 동시에 그 어느 때보다도 지구와 강하게 연결되어 있다는 사실을 느낄 수 있었어요. 이건 태어나서 단 한 번도 경험해본

적 없는 감정이에요.

새뮤얼 T. 듀랜스(Samuel T. Durrance), 나사 우주비행사

우주에서 지구를 바라보면 인류 전체를 생각하게 돼요. 나 자신
이 아니라, 세상을 좀 더 이롭게 하려면 어떻게 해야 하는지를
고민하게 되죠. 저 바깥에서, 달에서 보면 국제 정치는 정말 시
시하기 짝이 없어요. 정치인의 목덜미를 잡고 한 40만 킬로미터
바깥으로 끌어내서는 "저 꼴을 보라고, 개자식아"라고 말하고
싶어지죠.

에드거 미첼(Edgar Mitchell), 아폴로 14호 승선 나사 우주비행사

우주에서 바라본 지구

1968년 크리스마스에 인류는 최초로 지구 바깥에서 지구를
바라볼 수 있게 되었다. 우주비행선 아폴로 8호가 지구의 중
력장을 뚫고 달의 궤도에 오르는 데 성공한 덕분이다. 달의 표
면으로 떠오르는 지구를 볼 수 있게 된 것이다. 이때 '지구돋
이earthrise'라는 개념이 생겨났다. 세 우주비행사 보먼Borman,
러벨Lovell, 앤더스Anders와 TV 방송을 통해 전 세계 인류 4분의

1이 우주에서 지구를 바라봤다. 사람들은 눈을 동그랗게 뜨고 끝없어 보이는 우주 속에 떠 있는 행성을 바라봤다. 얼핏 무한해 보이는 배경에 작은 파란색 점처럼 찍힌 지구를 보고 많은 우주비행사가 특별한 느낌을 받았다고 입을 모았다. 우주비행사들은 그 특별한 느낌에 사로잡혔고 깊은 감동을 받았다. 많은 우주비행사가 더는 지평선을 보지 않게 되었다고 한다. 물론 이들도 전부터 지도 위에 그려진 점선이 실제로 존재하지 않는다는 사실을 알고 있었지만 이 모든 것이 정말로 현실이 되자 마음 깊은 곳에서 무언가가 일어났다고 한다. 인류의 갈등은 무의미해졌고 인류를 지켜야 한다는 의지까지 생겼다는 것이다.

우주에서 지구를 바라보는 것은 무척 강력한 감동의 원천이다. 여러 우주비행사가 영적인 각성, 화합, 희열, 맹목적인 아름다움에 대해 말한다. 이들은 경이로움, 소박함, 황홀감을 경험했다고 한다. 많은 사람이 지구로 돌아온 후 자신의 삶을 근본적으로 바꾸기도 했다. 은퇴한 나사 우주비행사인 론 개런Ron Garan은 시간에 대한 자신의 생각을 여러 사람과 공유하기 위해 모든 이가 선망하는 직장을 떠났다. 그는 사람들이 세계를 인식하는 관점을 바꾸기만 한다면 세상을 구할 수 있다고 확신했다. 서로가 서로에게 속해 있다는 사실을 이해하고 함께 돌봐야 할 행성이 있다는 것을 알려면 우리의 시야를 넓혀야 한다고 주장했다. 론 개런 외에도 그런 주장을 하는 사람들이 있다.

우주 철학자, 프랭크 화이트

우주에서 지구를 바라보면서 얻는 시야를 조망 효과라고 한다. 이 개념은 프랭크 화이트Frank White가 만들었다. 자칭 우주 철학자로 이러한 호칭을 뒷받침할 만한 그만의 경험과 공로가 있지만 사실 이 우주 철학자라는 호칭은 그가 어렸을 때부터 사용하던 것이다. 프랭크 화이트는 1940년대에 미시시피에서 자랐으며 무려 네 살 때부터 언젠가 인류가 지구를 떠나 다른 행성에서 살게 될 것이라고 말하기 시작했다. 정작 그는 그 사실을 기억하지 못했지만 열 살 생일에 어머니가 선물한 『별』이라는 얇은 책을 보고서 뚜렷하게 기억해냈다. 그 책을 읽은 프랭크 화이트는 우주에 대해 더 알고 싶다는 의지가 주체할 수 없이 타올랐다. 그는 우주비행사가 되지는 않았지만 대신 연구자가 되어 프랑스 국립우주연구센터Centre national d'études spatiales에 취직했다. 1970년대의 어느 날, 30세 무렵의 프랭크 화이트는 비행기를 타고 이동 중이었다. 지상으로부터 수 킬로미터 떨어진 높이에서 구름을 내다보며 상상의 날개를 펼쳤다. 그는 우주에서 인간이 실제로 어떤 것을 볼 수 있을지 생각해봤다. 자신이 우주정거장에 있다고 가정하고 그곳에 산다면 지구를 한눈에 살펴볼 수 있을 거라고 상상했다. 지구는 하나의 시스템이고 인간은 그 시스템의 일부이며 총체적으로 커다란 하나의 맥락이 있다고 생각했다. 아래로 내려다보이는 전경, 온전한 시점, 경이로움으로 가득찬 감정. 그는 조망 효과라는 개념이 떠올랐고 자신의 경험을 공유하고 가설을 확인해보고 싶어졌다.

실제로 우주에서 지구를 내려다보는 게 어떤 느낌인지 파악하기 위해 프랭크 화이트는 우주비행사들을 면담하기 시작했다. 그는 자신이 비행기에서 느꼈던 감정을 실제로 우주에서 지구를 내려다본 사람들도 경험했는지 알고 싶었다. 우주비행사들은 프랭크 화이트의 말을 정확히 이해했고 그의 질문을 괴상하게 여기지 않았다. 그들은 입을 열기 시작했다.

프랭크 화이트는 우주비행사들을 면담한 내용을 담아 1987년 『조망 효과The Overview Effect』라는 책을 저술했다. 그 이후로 조망 효과는 하나의 용어로 자리 잡았고 오늘날 자신이 처한 상황에서 벗어나 그 상황을 바라볼 때 발생하는 깊은 감정적인 반응을 설명하는 데 사용하고 있다.

그로부터 한참 후 연구자이자 심리학과 학생이던 데이비드 야덴David Yaden은 조망 효과가 불러일으키는 감정들을 연구했다. 우주비행사들의 경험에는 감동을 정의하는 구성요소 두 가지가 모두 들어 있었다. 첫 번째는 받아들이기 어려울 정도의 거대함 앞에 서는 것이고 두 번째는 기존의 경험으로는 이해하거나 파악하기 어려운 무언가를 받아들이는 것이다. 게다가 이타심도 깊어진 것으로 나타났다. 그래서 데이비드 야덴은 경외감과 조망 효과를 연결할 수 있을지 살펴보았다. 이 연결 고리가 확인되면 다른 맥락에서도 유용하게 활용할 수 있을 것 같았기 때문이다. 예를 들면 큰 그림을 보고 서로 협력하자고 사람들을 유도할 수 있을 것 같았다. 연구 논문에서 데이비드 야덴은 감동과 이타주의의 연관성을 입증했다. 앞서 언급한 다른 연구와 마찬가지로 야덴 역시 우주와 흡사한 환경에서 감동을 경험한 참가자들에게서 뇌의 디폴트 모드 활동이 감소하는 것을 관찰할 수 있었다.

이미 알고 있다시피 뇌의 디폴트 모드 활동의 감소는 자아가 물러나고 더 큰 것을 향해 열리는 것을 의미한다. 더 나아가 데이비드 야덴은 조망 효과를 통해 경험한 감동과 초월감transcendence의 연결 고리도 발견했다. 인류가 거주하는 행성을 내려다보면서 눈앞에 놓인 세계를 바라볼 때, 자신보다 더 큰 뭔가가 있다고 믿는 것은 당연한 일일지도 모른다.

지구와 인류를 위한 열정

그렇다면 감동과 조망 효과에 대한 연구 결과를 통해 어떤 결론을 얻을 수 있을까? 이러한 지식이 지극히 평범한 우리 같은 사람들의 태도도 바꿀 수 있을까? 대답은 '그렇다'이다. 일례로 우주 전문가, 전직 우주비행사, 인문학자들이 모여서 조망 협회The Overview Institute를 설립하여 조망 효과의 잠재력과 가능성을 지속적으로 연구하고 그 결과를 세계에 알리고 있다. 협회에 따르면 지금 우리는 인류 역사에서 아주 중요한 순간을 살고 있다. 기후, 식량, 물, 에너지 분야에서 커다란 난관에 직면해 있다. 부유한 나라와 가난한 나라의 격차는 여전히 존재하며 문화, 종교, 정치적 차이로 인류는 분열된 상태다. 따라서 인류애적인 관점에서 서로 단합하는 게 가장 중요하다.

우주비행사들이 말하는 이타주의적 경험은 우리 모두에게 이로움을 가져다줄 것이다. 그리고 이 분야에서 진전이 이뤄지고 있다. 무엇보다도 지구를 떠나지 않고도 조망 효과를 경험할 수 있도록 노력과 자본을 투입하고 있다. 조망 효과를 연구하고 그 효과를 확산시키려고 노력하는 사람들은 세상을 더 아름답고 푸르고 친절한 곳으로 만들기 위해 열정을 쏟고 있다.

감동 혁명을 경험하고 싶은
생물학자

=

스테판 에드만

이 책을 쓰기 위해 조사를 시작했을 때 우리는 스테판 에드만 Stefan Edman 이라는 이름과 맞닥뜨렸다. 그는 이미 2006년에 『경외감Förundran』이라는 책을 썼고 우리는 호기심이 동했다. 그의 책은 읽을수록 점점 흥미진진했다. 그는 어떻게 일찍부터 감동이 중요하다는 사실을 알았을까? 우리는 에드만에게 이메일을 보내 우리가 누구인지, 무슨 일을 하는지 설명했다. 며칠 뒤 "커피 한잔하러 오시죠"라는 답장이 왔다.

> "블랙버드! 봄이 왔다고 지저귀는 블랙버드의 노랫소리가 절 행복하게 합니다."

에드만은 강한 예테보리 사투리로 외쳤다. 키가 크고 늘씬한 체격에 숱이 무성한 흰 머리칼의 에드만은 손짓으로 자신의 감정을 뚜렷하게 드러냈다. 어린아이의 에너지 같은 게 느껴졌다. 마치 그의 모든 연륜이 70이 넘은 몸 안에 깃들어 있는 것 같았다. 그러더니 "자연과 새소리를 다른 사람과 함께 경험하는 것, 그건 정말이지 엄청나게 아름다운 일이죠. 그래요, 저한테 감동이 뭐냐고 물으신다면 바로 그런 거라고 답할 겁니다"라고 말을 이었다. 그는 생물학자이자 동물학자, 조류학자, 인문학자이며 환경운동가로, 감동을 경험하고 이에 대해 이야기하는 데 자신의 삶을 바쳤다.

학생, 자치 군郡 담당자, 교사, 볼보의 임원들을 교육하든, 환경과 관련한 주제로 TV에 출연하거나 총리 연설문을 작성하든지 간에 에드만은 항상 감동의 특별한 마법을 한 술 더하고자 노력했다. 그는 생물학자로서의 지식과 이야기꾼으로서 자신의 역량을 활용해 꽃잎에 대한 이야기로 우리를 사로잡았다. 그는 아주 작은 크기의 초록색 잎에는 햇빛을 수용하는 4,000만 개의 엽록체가 있으며 8.3분 전에 1억 4,960만 킬로미터를 떠나온 햇빛은 잎을 비추어 탄소와 물을 결합시킨다고 했다. 또한 인간을 비롯한 여러 동물의 먹거리가 되는 탄수화물과 단백질을 생성하고 우리 심장을 뛰게 만드는 산소도 만들어낸다고 이야기했다. 그는 곧이어 대지에 대해서도 이야기했다. "평범한 블루베리 숲에 균사체가 얼마나 많이 있는지 아나요?"라고 눈을 반짝이며 묻는 그에게 우리는 "아, 균사체요?"라고 되물었다.

> "네, 현미경으로만 보이는 균사 집합인데, 그러니까 저기 땅속 깊은 곳에 넓게 뻗은 망 같은 거죠. 아주 중요하죠. 균사체들은 전나무와 소나무가 미네랄을 흡수할 수 있게 도와주거든요. 외바퀴 손수레에 담긴 흙에서 균사들을 뽑아내면 그 길이가 지구를 두 바퀴나 돌 정도로 길죠. 8,000마일이나 되거든요!"

에드만은 더는 존재하지 않는 별들에서 만들어진 원자로 인체가 구성되어 있다는 사실도 알려주었다. 자신의 뺨을 쓰다듬을 때 별의 먼지를 쓰다듬는 셈이라는 것이다.

여러 기업에서 감동에 대해 강연할 때 에드만은 우리가 서 있는 땅 아래를 기어 다니는 작은 벌레인 선충 이야기로 입을 뗀다. 선충은 지구상에서 가장 흔한 다세포 동물이지만 보통 사람들은 잘 모르는 동물이다. 생태계를 유지하는 데 선충이 얼마나 중요한 역할을 하는지, 심지어 아스팔트 밑에서도 대도시를 유지하는 데 톡톡히 기여하고 있다는 사실을 아는 사람은 별로 없다. 저 땅 아래에서 선충들이 빙글빙글 돌면서 멈추지 않고 일하는 동안, 두 발 동물인 우리는 출근하고 아이를 맡기고 음식을 사고 넷플릭스를 시청한다.

에드만은 오늘날 인류가 행복을 극대화하기 위해 끊임없는 소비의 굴레에 삶을 내맡기고 있다고 경고하기도 했다.

> "이따금 이러한 행동은 비극적인 현실 도피에 지나지 않습니다. 자기 자신으로부터 그리고 정말로 살고 싶은 진정한 삶으로부터 달아나는 거죠."

에드만은 유용한 것보다 무용한 것을 더 높게 평가해야 하며 굴참나무 아래에 잠깐 앉아 있는 게 해야 할 일 목록에 체크 표시를 하는 것보다 삶을 더 행복하게 한다고 말했다.

> "스트레스를 받고 있다면 해소법이 있습니다. 자연을 '공짜 로섹losec, 위산 분비 억제제'이라고 치는 겁니다. 일종의 신성한 장소인 셈이죠. 고요함, 동질감, 살아 있다는 감각을 강력하게 느끼기를 목 빠지게 기다리고 있다면 말입니다."

에드만은 모든 인간이 반드시 정신적이고 영적인 혁신을

일궈야 한다고 믿고 있다. 그는 소소한 것들과 행복을 뒤쫓아야 하며 이를 위해 의무감으로 가득 찬 오늘날의 삶을 거부하는 '감동 혁명'을 제안했다. 지상의 모든 생명체는 물론이고 서로 유대감을 회복해야 한다는 것이다. 겸허한 태도와 새로운 관점을 통해서만 정말 중요한 것에 대한 강력한 애정을 형성할 수 있다고 주장했다.

| 4장 |

사람이 주는 감동

평범한 사람들의 경이로운 선택과 행동

누구나 감동의 원천이 될 수 있다

감동의 효과를 연구할수록 그런 효과를 불러일으키는 원천이 무엇인지 궁금했다. 감동을 불러일으키는 장소, 상황, 현상 같은 것 말이다. 주로 자연과 관련이 있었지만 예술, 음악, 사람의 능력 그리고 당연하게도 가장 오래된 원천인 영적인 부분과도 연관이 있었다.

그렇지만 감동을 경험한 사람들의 거의 절반가량은 다른 사람을 칭송하면서 감동을 경험하는 것으로 나타났다. 이는 우리도 미처 생각지 못한 부분이었고 그동안 만난 연구자들 덕분에 그 사실을 알게 되었다.

사람에게 감동받는다는 것

다른 사람을 통해 감동받는다는 것은 누군가 또는 누군가의 행동을 보고 감정이 고양되는 것을 느낀다는 의미다. 사람들은 누군가의 행동에서 윤리적인 아름다움을 볼 때 특히 더 감동한다. 용기, 내적인 강인함, 존경받을 만한 성품 등이 여기에 해당한다. 버락 오바마 전 미국 대통령 같은 위대한 지도자, 지식을 전파하는 한스 로슬링Hans Rosling 교수, 여성을 위해 목소리를 내며 성폭력 퇴치 운동으로 노벨 평화상을 수상한 데니스 무퀘게Denis Mukwege 병원장, 미투 운동을 시작한 타라나 버크Tarana Burke, 볼렝에Borlänge 시위에서 인종차별주의에 맞서 목소리를 높인 테스 아스플룬드Tess Asplund 등이 그런 인물이다. 특별한 방식으로 이웃들을 배려하는 옆집 사람이나 당신이 무엇에 빠져 있든지 항상 지지해주는 아버지 역시 감동의 원천이 될 수 있다. 장애물과 역경을 극복하는 사람들 역시 마찬가지다. 몇몇 문화권에서는 특히 다른 사람에게 감동하는 비율이 높은데 일례로 중국에서는 다른 사람이 감동의 원천이었던 경우가 약 60%에 달했다. 다른 사람에게 감동받는다니, 아름답고 희망이 느껴지지 않는가?

감동은 사람을 활발하게 만든다

사람들은 자신이 느낀 감동의 경험을 다른 사람들과 적극적으로 나누려고 한다. 우리는 흥미를 끄는 메시지를 전하는 수천 명의 사람을 클릭 한 번만으로 만날 수 있다. 감동을 주는 기사, 영화, 밈, 이야기를 직접 만들 수도 있고 소셜 플랫폼인 유튜브, 페이스북, 인스타그램, 트위터, 틱톡 혹은 기타 뉴스 서비스업체에서 찾아볼 수도 있다. 당연한 말이지만 널리 퍼질수록 더욱 강렬하게 감정을 자극할 수 있다. 분노를 일으키는 내용은 슬픔을 유발하는 내용보다 더 많이 퍼져나간다. 분노는 사람들이 좀 더 적극적으로 참여하고 활동하도록 만드는 반면 슬픔은 사람을 무기력하게 만들어 회피하도록 유도하기 때문이다.

감동은 그 어떤 감정보다도 사람들을 더 활발하게 만든다. 심지어 분노보다도 이러한 효과가 더 강하다. 누군가의 '영웅담'에 귀를 기울일 때, 아름다운 것을 봤을 때, 놀랍도록 뛰어난 지성의 힘을 보았을 때 사람들은 그 감정을 다른 사람들과 공유하고 싶어 한다. 앞으로 SNS에 공유하고 싶은 게 생긴다면 조금 더 세심히 들여다보면 어떨까? 그 안에 어떤 내용이 담겨 있는지 말이다.

삶의 전환점마다 느끼는 경외감

여러 연구자가 삶의 향배를 결정짓는 사건과 의식이 사람들에게 감동을 불러일으킨다는 사실을 밝혀냈다. 연구에서 부족한 정보를 보완하기 위해 질적 면담을 진행했는데 많은 실험 참가자가 탄생과 사망, 결혼 등에서 개인적으로 경이로움을 경험했다고 이야기했다. 한 연구의 실험 참가자 중 한 명은 자신의 삶을 뒤바꾼 출산 경험에 대해 "출산 직후 전과는 전혀 다른 사람이 되었습니다"라고 말했다.

죽음이란 대체 무엇인가

죽음도 마찬가지다. 현대를 살아가는 사람들은 죽음에 대해 생각하거나 이야기하려고 하지 않는다. 장례식에 참석하는 사람들도 점점 줄어드는 추세다. 지난 25년 동안 조문객 수가 절반으로 감소했다. 그러나 많은 사람이 사랑하는 누군가의 전환점을 함께했을 때 아름답고 마법 같은 감정을 느꼈다고 술회한다.

옌뉘 안 군나르손Jenny-Ann Gunnarsson은 어머니의 임종을 지키면서 큰 영향을 받았다. 옌뉘 안의 어머니는 말기 질환을 앓고 있다는 판정을 받은 지 6주 만에 사망했다. 가족들은 어머니가 병원이 아닌 집에서 눈감을 수 있도록 조치를 취했다. 당시 옌뉘 안의 어머니는 67세에 불과했다. 옌뉘 안은 이루 말할 수 없이 슬펐지만 임종을 지킬 수 있었던 덕분에 두려움보다는 기쁨을 더 크게 느꼈다고 회상했다. 옌뉘 안은 여리면서도 순수한 감정을 느꼈던 무척 강렬한 경험이었다고 했다.

옌뉘 안은 이후에 더 많은 장례식에 참석할 방법을 찾았고 사망 조언가death doula가 되기로 결심했다. 사망 조언가는 임종 시 곁을 지키며 일종의 동행자 역할을 하는 사람이다. 임종 전에 집에서 편안히 눈을 감을 수 있도록 환경을 조성하고 실질적인 도움을 제공하며 존재론적인 생각을 나누고 친척과 친구들, 의료 기관을 연결하는 연결 고리가 되어 슬픔을 덜어주는 역할을 한다.

죽음 체험 이후 삶이 바뀌는 이유

애플 창업자인 스티브 잡스는 자택 침대에 누워 가족들에게 둘러싸인 채 눈을 감았다. 〈뉴욕타임스〉에 실린 그의 부고에서 여동생 모나 심슨Mona Simpson은 잡스의 마지막 말이 "와, 우와. 와, 우와. 와, 우와"였다고 기술했다. 스티브 잡스가 정확히 어떤 경험을 했는지는 아무도 알 수 없다.

죽음을 경험하면 많은 경우 지금까지 살아온 날들, 즉 인생 전반에 깊이 매료된다고 한다. 임사 체험을 하고 나면 일반적으로 삶이 근본적으로 변한다. 대다수가 빛, 소리, 냄새를 더 예민하게 느끼고 전보다 너그러워졌다고 했다. 갑자기 모든 사람에게 무조건적인 사랑을 느낀다는 것이다.

브루스 그레이슨Bruce Greyson은 버지니아대학교 정신의학과 명예 교수로 50년 이상 이러한 현상을 연구했다. 그동안 그는 상당히 많은 문서와 수천 개의 구술 자료를 수집했다. 그의 연구는 무엇보다도 임사 체험을 단순히 꿈을 꾸는 상태나 환각으로 치부할 수 없다는 사실을 보여준다. 그의 연구를 통해 인간이 도달할 수 있는 가장 강력한 상태 중 하나에 처했던 사람들이 얼마나 친사회적이고 친절하며 이타적으로 행동하는지를 다시 한번 확인할 수 있다.

작은 영웅들의 도덕적인 아름다움

노란색 우비를 입고 긴 갈색 머리를 땋은 사람이 있다. 손에는 '기후를 위한 학교 파업'이라고 적힌 피켓을 들고 있다. 아마도 누군지 짐작이 갈 것이다. 오피니언 리더이자 활동가인 그레타 툰베리다. 2018년 8월 20일, 당시 15세였던 그레타는 스톡홀름에서 1인 시위에 나섰다. 툰베리는 잔뜩 화가 나 스웨덴 의회 앞에 홀로 앉아 기후 문제를 우선시하지 않는 것에 항의했다. 목표는 9월 3일 선거일까지 3주 동안 매일 그 앞에 앉아 있는 것이었다. 그렇지만 시위는 그보다 훨씬 더 길어졌다. 그리고 동참하는 사람도 늘어났다.

그레타 툰베리가 쏘아올린 공

기후 1인 시위에 나선 소녀의 이야기가 언론에 다뤄지면서 그레타 툰베리의 명성도 널리 퍼졌다. 그레타는 인터뷰에서 이렇게 말했다.

> "기후 문제는 우리 시대의 운명을 건 문제입니다. 지금 우리가 하는 행동을 다음 세대가 바꿀 수는 없습니다. 우리는 조만간 결코 돌이킬 수 없는 티핑 포인트tipping point에 도달하게 될 겁니다."

또한 "세계 지도자들이 유치하게 굴고 있다"고 지적하기도 했다. 1인 시위에 나선 이튿날부터 다른 청소년들이 동참했다. 그레타와 함께하는 사람들은 눈덩이처럼 불어났다. 수천 명이 함께했으며 그레타의 파업은 '미래를 위한 금요일Fridays for Future'이라는 이름으로 전 세계에 퍼졌다.

전 세계 100여 개 국가에서 수백만 명의 청소년들이 기후 시위에 나섰다. 그레타는 많은 영예로운 상을 받았고 UN에서 열정적인 연설을 토하기도 했으며 자신의 용기에 감탄하는 유력 인사와 지도자들을 만나 이야기를 나누기도 했다. 대표

적으로 버락 오바마, 아널드 슈워제네거, 데이비드 아텐버러
^{David Attenborough} 등이 있으며 그 외에도 나열하기 힘들 정도로
많다. 2018년 12월, 〈타임〉은 그레타 툰베리를 세계에서 가장
영향력 있는 10대 25명 중 한 명으로 선정했으며 2019년에는
올해의 인물로 뽑았다. 달라이 라마는 서한을 통해 그레타가
다른 젊은이들에게 목소리를 높이도록 영감을 불어넣는 것을
보고 고무되었다고 밝혔다.

도덕적인 아름다움

어떻게 개인이 그렇게 큰 영향력을 발휘할 수 있었을까? 그레
타는 자신이 앓고 있는 아스퍼거 증후군이 일부 도움이 된 것
같다고 밝혔다. 아스퍼거 증후군이 세상을 낯선 방식으로 바
라볼 수 있도록 도와줬다는 것이다. 그레타는 여러 측면에서
특별한 인물이다.

연구에 따르면 사람들은 윤리 수준이 높은 사람에게 끌린
다고 한다. 영어로는 '도덕적 아름다움^{moral beauty}'이라고 하는
데 다른 사람의 행동과 관점에서 아름다움을 발견하는 것을
의미한다. 모든 인류 역사를 통틀어 사람들은 인간의 가장 선

한 부분을 담은 사람들을 우러러봤다. 그레타는 간디, 마틴 루터 킹, 로자 파크스^{Rosa Parks, 아프리카계 미국인 시민운동가}, 넬슨 만델라, 말랄라 유사프자이, 달라이 라마와 비견할 만하다. 이들은 오늘날의 우상이자 높은 곳을 바라보며 대의를 위해 행동하기로 한 '그저 한 사람'이기도 하다. 이들은 싸움의 대가로 자유를 박탈당하고 자신의 삶과 육체, 명성을 바쳐야 했다.

콜카타에서 가난하고 굶주린 사람들을 위해 애쓰는 테레사 수녀의 영상을 본 사람들의 미주신경이 강하게 활성화되었다는 실험 결과가 있다. 감동받았다는 신호다. 영상을 본 사람들은 가슴속에 따뜻함이 퍼져나가는 것을 경험한다. 이는 사회적 유대감을 형성할 준비를 할 때도 마찬가지다.

마틴 루터 킹이나 그레타 툰베리와 행적을 함께하면 커다란 뭔가를 목도하게 되며 이를 자기 스스로도 느낄 수 있다. 그리고 곧 본능적으로 이 경험을 다른 사람과 나눠야겠다는 생각이 든다. 이야기를 통해서든, 투표를 통해서든, 시위를 통해서든 말이다. 어떤 대의에 동참하게 되는 것이다. 사람들은 이러한 문제를 단호한 태도로 주도하는 이들에게 겸허함을 느끼고, 자신도 뭔가를 할 능력이 있거나 적어도 뭔가를 느낄 능력이 있다고 생각한다. 최근 한 연구는 바로 이러한 내용을 담고 있다. 연구자들은 강력하고 거대한 무언가와 함께하

면 세상을 바라보는 관점에 영향을 미치게 되고 자기 자신을
커다란 무언가의 '일부'로 생각하게 된다는 사실을 발견했다.
그 결과 사람들은 더 겸손해지고 사회성도 높아진다.

평범한 사람도 감동을 줄 수 있다

사람들은 서로에게 영감을 불어넣는다. 한 연구에 따르면 감사, 공감, 감동과 같은 감정은 이웃, 직장 동료와 같은 사회 구성원에게 더 깊이 헌신하게 만든다고 한다. 사리사욕이 뒤편으로 물러나면 유대감이 한층 더 강화되는 것이다. 개인적인 이익을 추구하는 대신, 다른 사람을 위해 존재하면서 좀 더 강력하고 친밀한 관계를 맺는 것이다. 예를 들면 다른 사람을 도와주고자 하는 의지라든가 누군가를 만나기 위해 조금 더 먼 길을 나서고자 하는 마음 등이 있다.

어쩌면 공감, 감사, 감동과 같은 감정이 인간관계가 잘 풀리거나 잘 풀리지 않는 이유를 설명해줄 수 있을지도 모른다.

그룹 내에서 자주 발생하는 문제에 대처해야 할 때 감정들이 어떻게 기여할 수 있을지 생각해보자. 당신은 공감을 통해 다른 사람에게 더 마음을 기울일 수 있다. 감사는 참여와 신뢰를 구축해준다. 감동은 동질감을 형성하고 자신에 대한 지나친 집중을 줄여줄 뿐만 아니라 좀 더 단단하게 화합하도록 도와준다.

평범한 사람에게 느끼는 경외감

사람들은 우러러보는 누군가에게 경외감을 느낀다. 보통 왕, 축구 선수, 대통령, 배우, 예술가 등에게 이러한 감정을 느낀다. 카리스마 있는 지도자나 연예인을 볼 때 느끼는 이런 경외감을 평범한 사람들 사이에서는 느낄 수 없을까?

펜실베이니아대학교의 연구자들은 사랑하는 사람 혹은 자기 자신과 친한 사람도 경외감을 줄 수 있는지 측정했다. 양적 연구 외에도 질적 연구를 통해 개개인의 이야기를 자세히 들여다보는 연구 방법을 택했다. 그들은 실험 참가자와 경외감을 일으킨 사람이 어떤 관계인지, 그 사람에게 어떤 감정을 느꼈는지, 어떤 상황이었는지 살펴봤다. 한 남성은 이렇게 말했다.

"저는 제 아내가 병원에서 암 진단을 받고 예후를 들을 때 보였던 반응에 여러 감정과 더불어 경외감을 느꼈습니다. 제 아내는 단순하게 말해 죽게 될 거라는 사실을 알게 됐죠. 얼마나 더 살 수 있는지, 의사들이 자신의 고통을 줄여주기 위해 무얼 해줄 수 있는지도요. 제 아내는 '그렇군요. 도와주셔서 감사합니다'라고 말했습니다. 제 아내는 저보다 강했어요."

'높은 위치'에 있는 사람이 아니라 가까운 사람에게서 경외감을 느낄 수 있다는 것은 많은 생각을 불러일으킨다. 연구자들은 많은 사람이 강렬한 경이로움을 느낀 후 그 사람에 대한 인식이 바뀌는 것을 발견했다. 또한 평범함 속에서 더 많은 것을 얻을 수 있다는 사실도 깨달았다. 일반적으로 비범한 것에 대해 보이는 반응이 경외감이라지만 평범한 것에 비범하게 반응하는 것 역시 경이로움이지 않을까? 평범한 삶은 우리가 생각하는 것보다 훨씬 더 커다란 힘과 영감의 원천이다.

경외심을 느낄 수 있는 우정이 있다

그리스 철학자 아리스토텔레스가 대인 관계, 좀 더 정확하게는 우정을 어떻게 보았는지 알아보자. 아리스토텔레스는 우정을 세 부류로 나누었다.

첫 번째는 효용성을 추구하는 관계로 목적이 있는 관계다. 그래서 관계를 유지하는 게 도움이 되고 이득이 있을 경우에만 지속한다. 이러한 우정의 대표적인 사례는 직장 동료, 업무상 지인을 꼽을 수 있다. 더는 이득이 없거나 얻을 게 없으면 우정도 끝난다.

두 번째는 즐거움을 추구하는 관계다. 자신을 기쁘게 하고 이 관계가 즐겁다고 여기는 한 지속된다. 이 두 유형의 우정이 그냥 생겨나는 것이라면 세 번째는 깐깐하게 선택한 우정이다. 세 번째는 선을 추구하는 우정으로 서로의 강점과 능력을 높이 사는 관계다. 이 관계에서는 우정의 상대에 초점을 맞춘다. 이러한 우정은 발전을 위해 시간과 노력을 들여야 하지만 상대방에 대해, 서로에 대해 평생 지속되는 신뢰와 존경, 경외감을 형성할 수 있다.

예술가가 여기에 있다

누군가에게 자신을 있는 그대로 보여주는 것은 강한 유대감을 형성할 뿐만 아니라 강렬한 감정을 불러일으킨다. 2010년에 마리나 아브라모비치$^{Marina\ Abramović}$는 뉴욕의 현대미술관 MoMA에서 세계 최장 퍼포먼스를 선보였는데 퍼포먼스 제목은 '예술가가 여기에 있다$^{The\ Artist\ is\ Present}$'였다.

장장 3개월, 하루 8시간씩 총 750시간 동안 의자에 앉아 탁자 맞은편에 앉은 관람객의 눈을 깊이 들여다보았다. 이 퍼포먼스는 관람객의 참여가 필수적이었고 큐레이터는 퍼포먼스 자체가 제대로 진행되기 어려울 거라고 생각했다. 그렇지만 기우였다. 관람객이 구름처럼 몰려들었다. 관람객들은 몇 시간 동안 줄을 섰고 개중에는 줄을 서기 위해 침낭을 가지고 와서 미술관 바깥에서 잠을 자는 사람도 있었다. 마리나는 나중에 "현대미술관이 루르드$^{Lourdes,\ 가톨릭\ 순례지로\ 마리아가\ 기적의\ 치료를\ 해}$ $^{준다고\ 하는\ 성지}$ 같았다"고 평했다. 모든 사람이 보고 싶어 했다는 의미다. 관람객 78명은 마리나의 맞은편에 놓인 의자에 앉기 위해 20번이나 재방문하기도 했다. 마리나는 발까지 닿는 두꺼운 울로 짠 새빨간 옷을 입고 그곳에 앉아 있었다. 상대방의 존재에 온 시선을 집중하면서.

퍼포먼스가 진행되는 동안 수많은 관람객이 감동하여 눈물을 흘렸고 마리나 역시 마찬가지였다. 어떤 사람들은 몇 시간 동안 앉아 있었는데도 고작 몇 분밖에 안 된 것처럼 느껴졌다고 말했다. 퍼포먼스가 종료될 때까지 수천 명의 낯선 이들이 찾아왔고 의자에 앉아 마음 깊이 감동을 받았다고 했다. 다큐멘터리 영상에서 마리나는 자신이 직접 느꼈던 영향력을 설명하면서 자신은 그저 사람들의 진정한 자아를 비추고자 했다고 말했다. 자신은 단지 사람들을 바라보았고 그것을 통해 사람들 스스로 자신을 되돌아보도록 만들었다는 것이다. 마리나는 "그토록 많은 고통을 본 것은 처음이었습니다"라고 덧붙였다.

유년기의 호기심을
되찾고 싶은 작가
=

리 앤 헤니언

매년 가을이면 그들이 온다. 처음에는 몇 무리로 시작해서 점점 늘어난다. 수백이 순식간에 수천으로 바뀌고 수천은 이내 수백만으로 변한다. 금세 이들은 나무를 온통 노란색으로 물들이고 무수히 파닥이는 날개로 거의 보이지 않을 정도로 하늘을 가려버린다. 그 무엇과도 비교할 수 없는 최고의 장관이다. 바로 대이동 중인 모나크나비 이야기다. 이 나비들은 미국에서 출발하여 까마득히 먼 거리인 5,500킬로미터를 날아서 멕시코의 산에 도착한다. 멕시코의 산에 있는 소나무는 이 환상적인 나비들이 쉬기에 좋은 쉼터다. 모나크나비는 소나무 가지에 크고 묵직하게 무리 지어 자리를 잡는다. 나무껍질이 보이지 않을 정도로 빼곡하게 앉은 탓에 온통 샛노란 날개만 보인다.

이 특별한 사건에는 아직 풀리지 않는 수수께끼가 여럿 있다. 우선, 나비들이 대부분 같은 나무로 돌아가는데 그 길을 어떻게 찾는지 명확하게 알려지지 않았다. 두 번째로 모나크나비 성충은 수명이 고작 한 달 정도이기 때문에 떠났다가 되돌아오는 나비는 한 마리도 없다.

2007년, 모나크나비의 대이동에 대한 방송을 하게 된 미국 작가 리 앤 헤니언Leigh Ann Henion은 당시 여기에 대해 아는 바가 전혀 없었다. 단지 시에라 친쿠아의 산꼭대기에서 수백만 마리의 나비에 둘러싸인 채 방송을 해야 한다는 사실만 알고 있었다. 하지만 이 방송은 헤니언의 생애를 통틀어 가장 강렬한 경험으로 남았다. 헤니언은 한시도 긴장을 놓을 수 없었고 '이 광경이 정말이라면 내가 모르는 건 또 뭐가 더 있을까?'라는 생각이 들었다.

이런 강렬한 경험에 대한 욕구는 몇 년 뒤 첫아이를 낳으면서 다시 살아났다. 헤니언은 이렇게 말했다.

> "아이를 낳을 때 마치 내 몸이 안팎으로 휘어지는 느낌이었어요. 저는 삶과 죽음을 잇는 통로가 되었죠. 아주 기이한 경험이

었습니다. 두려움이 온몸을 휘감는 동시에 축복받는 듯한, 뭔가 복합적인 느낌이었어요. 동시에 내적으로는 영적이고 감정적인 경험이었습니다. 압도적이었죠. 전 그게 약간의 두려움이 내포된 경외감이었다고 생각해요. 출산은 제가 저보다 더 큰 뭔가의 일부라는 사실을 이해하게 만들죠. 광막한 우주를 마주했을 때, 혹은 우뚝 솟은 산맥을 바라볼 때와 같은 느낌입니다. 모든 것과 연결되어 있다고 느끼죠. 경외감은 우리가 제어할 수 없는 상황에서 찾아옵니다. 저는 이게 부모가 되면서 배우는 가장 큰 교훈이라고 생각해요. 처음 부모가 된 순간부터 말이죠. 제어할 수 없는 상황은 우리에게 전혀 익숙하지 않습니다. 우리가 더 큰 무언가의 일부라는 사실을 받아들일 때에야 비로소 자신이 작은 존재이고 모든 것을 알 수 없다는 사실을 받아들이게 됩니다. 저는 그래서 경외감을 찾아다니게 되었다고 생각해요. 불가사의, 제가 알지 못한다는 사실에 익숙해질 필요가 있었거든요."

신생아의 엄마로 사는 삶은 생각했던 대로 풀리지 않았다. 갑자기 자기 삶에 대한 통제력을 잃고 원래의 자신과 너무 괴리되었다고 느꼈다. 헤니언은 새로운 감동을 찾아 모험을 떠났다. 첫 번째 방문지는 푸에르토리코 바다 근처였다. 자연 발광하는 물을 보기 위해 찾은 곳이었다. 사실 발광 현상은 플

랑크톤 때문이었지만 무척 특별한 경험인 것은 분명했다. 그 뒤로 헤니언은 북극권에서 오로라를 경험하고, 베네수엘라에서 뇌우를 관찰하고, 하와이에서 활화산을 보는 등 탐험을 계속했다. 헤니언은 이윽고 자신의 경험을 담은 책『경탄스러움: 주저하는 모험가의 자연 속 감동 탐색Phenomenal : A hesitant adventurer's search for wonder in the natural world』을 출간했다.

> "이제 저는 감동을 경험할 수 있는 여유 있는 삶을 택하고자 합니다. 오랫동안 감동은 제가 분명히 경험했는데도 툭 터놓고 이야기할 수 없는 주제였습니다. 이 개념은 성인 입장에서는 받아들이기가 쉽지 않았으니까요. 감동은 주로 아이들 혹은 유년기에 속하는 감정으로 치부되고 성인이 되면 전혀 생각하지 않기도 하죠. 감동과 아름다움에 매료된 사람들을 우리는 진지하게 상대하지 않았습니다."

개울을 찾아 돌을 몇 개 뒤집으면 도롱뇽이 나타난다. 태곳적에 자연적으로 생겨난 물고기와 도마뱀, 뱀, 개구리를 한데 합쳐놓은 것 같은 혼성체다. 이 독특한 동물은 공룡이 존재하던 시절부터 변함없는 모습으로 여전히 살아 있다. 헤니언은 이 사실을 통해 우리가 더 큰 어떤 것의 일부라는 것을 다시 떠올린다. 그러니 감동할 대상을 찾아 눈을 돌리기만 하면 사방에서 발견할 수 있다.

5장

탁월함이 주는 감동

극한을 뛰어넘는 재능과 전문성

저절로 입이 떡 벌어지는 광경들

기량과 탁월함, 재능, 명민함, 극한의 역량, 전문성. 우리는 수
행하기 어렵거나 지식을 쌓기 어려운 영역에서 그 일을 해낸
사람을 보면 감동한다. 전문성은 종종 물리적으로 가능한 범
위를 넘어 무언가를 수행해내는 인간의 능력을 가리킨다. 그
밖에 지식을 통해 성취할 수 있는 것과도 관련이 있다. 평범한
것을 뛰어넘는 무언가를 발명하고 설계하며 깨닫는 것처럼
말이다.

극한의 역량을 뛰어넘다

어떤 사람들은 뛰어난 신체 능력으로 불가능하다고 여겼던 동작을 해내며 감탄을 자아낸다. 러시아의 장대높이뛰기 선수인 세르게이 부브카Sergej Bubka는 선수로 활동하는 동안 수많은 세계 신기록을 세웠다. 부브카는 35번이나 높이뛰기의 한계를 뛰어넘었고 현재까지도 6.14미터로 실외 장대높이뛰기 세계 최고 기록을 보유하고 있다. 2020년 2월 8일, 스웨덴계 미국인 장대높이뛰기 선수인 아만드 듀플란티스Armand Duplantis는 6.17미터로 실내 장대높이뛰기 부문에서 세계 신기록을 경신했다. 그렇다면 인간은 과연 어느 정도 높이까지 뛰어넘을 수 있을까?

1968년, 프랑스인 필리페 페팃Philippe Petit은 치과 대기실에서 신문을 펼쳤다. 뉴욕에서 세계 최고 높이의 거대한 첨탑 두 개를 건설할 예정이라는 기사를 읽는 순간 불현듯 어떤 생각이 떠올랐다. 완공되면 두 첨탑 사이에 줄을 매달아 건너가야겠다고 생각한 것이다. 6년 후 1974년 8월 7일 오전 7시 15분. 그는 416미터 높이의 쌍둥이 빌딩(현재는 붕괴된 세계무역센터이다) 사이에 설치한 고작 2센티미터 너비의 와이어를 따라 아찔한 산책을 시작했다. 안전줄도 없이 걸음을 내디뎠다. 50분

동안 8번이나 왕복했다. 도중에 줄에 앉아 쉬기도 하고 아래에 몰려든 사람들에게 인사를 하기도 했으며 심지어는 줄 위에 드러누워 머리 위를 나는 갈매기에게 말을 걸기도 했다. 수천 명의 행인이 아침 러시아워 속에서 혼란스러운 표정으로 머리칼이 곤두서는 듯한 광경을 올려다보며 못 박힌 듯 서 있었다.

넋을 잃게 만드는 정밀함

일 년에 두 번, 봄과 가을에 낮과 밤의 길이가 같아질 때 멕시코 유카탄반도에 위치한 치첸이트사 피라미드 아래 수천 명이 모여든다. 이 피라미드는 마야인들이 자신들의 쿠쿨칸 왕을 기리기 위해 1000년 무렵에 세운 것이다. 세계 각지에서 수많은 사람이 이날을 기념하며 이 피라미드까지 일부러 찾아오는 이유는 낮과 밤의 길이가 같아지는 바로 그 순간에만 태양이 피라미드에 그림자를 드리우기 때문이다. 그림자는 층계에 패턴을 만들어내는데 마치 뱀 두 마리가 피라미드의 사면을 따라 내려오는 것 같은 착시감을 준다. 그림자가 만들어낸 패턴은 계단 끝에 돌로 된 두 마리의 뱀 머리 부근에서 완벽하게 끝이 난다. 놀랍지 않은가! 이는 마야 사람들이 천문학에 정통했을 뿐만 아니라 건축 기술도 상당했다는 것을 보여준다.

세계에서 가장 긴 현수교

〈뉴욕타임스〉에서 오늘날 미국에는 감탄을 자아낼 만한 기반 시설이 부족하다는 내용의 기사를 내보낸 적이 있다. 더는 전과 같은 방식으로 건축하고 설계하지 않는다는 것이다. 불가능한 프로젝트라고 불리던 샌프란시스코의 금문교를 떠올려보자. 금문교는 위험하게 소용돌이치는 조류와 폭풍, 지진으로 유명한 곳에 놓여 있고 이러한 자연재해는 언제든지 다리를 부술 수 있다.

이런 점을 고려할 때 이곳에 다리를 세우는 것은 결코 쉬운 일이 아니었지만 건축가는 끝내 성공했다. 1937년 그 붉은색의 다리가 완성되었고 당시 건축업계 최대의 업적으로 기록되었다. 오랫동안 금문교는 세계에서 가장 긴 현수교로 명성을 떨쳤다. 두 개의 주 기둥 간격은 1,280미터에 달하며 높이는 67미터다. 매년 1,000만 명 이상의 관광객이 샌프란시스코의 자랑스러운 랜드마크를 찾아온다. 어떤 이는 "금문교를 볼 때마다 항상 경외감에 말을 잃게 된다"라고 평했다.

만약 금문교가 해군의 뜻대로 노란 바탕에 검은색 줄무늬 칠을 했더라도 지금과 같았을까? 혹은 육군의 설명대로 부근을 지나가는 비행기나 선박의 눈에 잘 띄도록 빨간색과 흰색 줄무늬였다면? 대부분의 사람들이 금문교를 검은색, 흰색 혹은 회색으로 칠하는 게 좋을 것 같다는 의견을 냈다. 다른 보통 건물들처럼 말이다. 설계자 어빙 머로우Irving Morrow는 다리를 주홍색으로 칠해야 한다고 사람들을 설득했다. 주홍색은 통상 녹을 덮을 때 사용하는 색이었지만 머로우는 주변의 파란색과 아름답게 대비된다고 봤고 다리를 반드시 주홍색으로 칠해야 한다고 확신했다.

작가 데이브 에거스Dave Eggers는 동화책 『이 다리는 회색이면 안 돼요This bridge will not be gray』에서 다리가 만들어지는 과정을 설명했다. 한 인터뷰에서 에거스는 항구적인 뭔가를 남김으로써 한 개인이 어떻게 역사를 바꾸는지를 짚었다. 이 경우에는 빛나는 주홍색 다리가 그랬고 다리는 단 한 순간도 멈추지 않고 사람들을 매혹하고 놀라게 했다. 금문교는 두 종류의 탁월함이 결합한 창조물이었다. 바로 건축가의 기량과 먼 곳을 내다본 설계자의 능력이었다.

예상하지 못할수록 감동은 커진다

한 여성이 단호한 발걸음으로 화면 안으로 걸어 들어오는 장
면을 카메라가 광각으로 담고 있다. 흰 구두가 단단한 나무 바
닥을 디딘다. 금빛으로 반짝이는 옷은 유행에 뒤처져 보이며
헤어스타일도 마찬가지다. 검은색 타이츠는 외투와 전혀 어
울리지 않는다. 수전 보일Susan Boyle은 모든 게 세련되지 못했
고 딱히 나이가 많은 것 같지는 않지만 동년배에 비해 다소 나
이 들어 보였다.

아니, 이게 무슨 일이야?

수전이 무대 한가운데에 서자, 카메라가 앵글을 바꿨다. 심사 위원으로는 피어스 모건Piers Morgan, 아만다 홀든Amanda Holden 그리고 악명 높은 사이먼 코웰Simon Cowell이 앉아 있었다. 이 것은 바로 일반인이 재능을 뽐내는 예능 〈브리튼즈 갓 탤런트Britain's Got Talent〉의 한 장면이다. 사이먼이 수전에게 어디에서 왔느냐고 묻자, 수전은 웨스트로디언의 블랙번이라는 작은 동네에서 왔다고 대답했다. 긴장했는지 말을 더듬으면서 횡설수설했고 사이먼이 다시 몇 살이냐고 묻자, '마흔일곱'이라고 했다. 객석에서 야유가 일었다. 사이먼이 눈을 치켜뜨자, 수전은 사이먼에게 약간 과장된 표정으로 골반을 흔들며 대답했고 심사위원들은 점점 더 회의적인 표정을 지었다. 수전은 전업 가수가 되고 싶다고 밝혔고 카메라는 청중을 훑더니 마침 옆자리에 앉은 친구에게 저게 말이 되느냐는 표정을 짓는 여성을 포착했다. 영국에서 손꼽히는 아티스트인 일레인 페이지Elaine Page 같은 사람이 되는 게 꿈이라는 수전의 말에 관객석이 술렁였다.

스코틀랜드의 작은 광산 도시에서 온 여성은 독신으로 고양이와 단둘이 살고 있으며 단 한 번도 키스를 한 적이 없다고 했다.

이야기를 들을수록 상황은 점점 더 나빠질 따름이었다. 웨스트로디언대학에서 조리사로 일하며 자선 단체의 도움을 받았지만 지금은 무직이라고도 했다. 수전의 무대는 과연 어떻게 될까? 수전은 뮤지컬 〈레미제라블〉의 삽입곡 〈I dreamed a dream〉을 부를 예정이었다. 전주가 시작됐고 심사위원들은 노래가 흘러나오기를 기다렸다. 청중들은 의심스러운 눈길을 보냈으며 어떤 이들은 입에 손을 가져다대고 있었다. 드디어 수전이 노래를 시작했다. 그러자 야유가 아닌 휘파람 소리가 일었다. 어쩌면 엄청나게 큰 소리로 다 함께 '와아아아'라고 말했다고 하는 게 더 맞을지도 모르겠다. 사람들은 깜짝 놀란 표정으로 입을 쩍 벌리고 눈썹을 치켜세웠다. 관객들은 박수를 치기 시작했고 박수는 끝이 없었다. 수전 보일의 음색은 성스러웠으며 사람들 안의 아주 깊숙한 곳을 뒤흔들고 사로잡았다. 노래를 마치자 관객들은 기립했다. 심사위원들은 웃음을 터뜨리며 압도당했다는 표정을 지었다. 피어스 모건은 "심사위원으로 지낸 3년 동안 가장 놀라운 일이었다"고 평했다. 아만다 홀든은 "다들 당신을 부정적으로 봤는데 무척 기쁩니다. 솔직히 털어놓자면 우리 모두 무척 회의적이었는데 정말이지 엄청난 일이 벌어졌네요. 당신의 노래를 들을 수 있어서 엄청난 영광이었습니다"라고 말했다.

현대판 신데렐라

일간지 〈가디언〉은 나중에 기사에 "수전 보일만큼 이렇게 빨리 유명해진 사람이 또 있을까?"라고 썼다. 수전 보일에게 벌어진 일은 현대판 신데렐라라고 할 만했으며 인터넷이라는 매체의 도움을 받아 순식간에 퍼져나갔다. TV에 출연하고 열흘 후, 유튜브에 게재된 수전 보일의 동영상은 조회 수 1억 건을 돌파했다. 〈가디언〉은 이 현상을 비틀스와 비교하며 수전 보일과 같은 수준의 성공을 거두는 데 비틀스는 몇 년이 걸렸다고 평했다. 마돈나도 10년이 걸렸다. 그랬다. 수전 보일이 얻은 이런 형태의 명성은 다른 어떤 것과도 비교할 수가 없었다.

나이팅게일처럼 노래를 부른 스코틀랜드 출신의 나이 많은 독신 여성의 소식은 사람들 사이로 폭탄이 투하되듯 쏟아졌고 빠르게 입소문을 탔다. 현재 그 동영상의 조회 수는 3억 6,000만 건에 이른다. 정말이지 엄청난 수다. 2009년 11월에 발매된 수전 보일의 첫 번째 앨범은 영국에서 발매 첫 주 만에 최고 판매 기록을 세웠고 그해 미국에서 가장 많이 팔린 앨범 2위를 기록했다.

예상하지 못한 만큼 커지는 감동

대체 무슨 일이 벌어진 걸까? 라니 시오타 부교수를 만나 이 현상이 감동과 연관이 있는지 묻자 "그렇다"고 했다. 관객들의 태도를 먼저 살펴보자. 관객들은 수전 보일이 노래를 부르기 전까지 촌스러운 옷을 입고 모든 게 어색해 보이는 어눌한 중년 여성이 그런 목소리를 가지고 있을 거라고는 전혀 생각지 못했다. 하지만 노래가 시작되자, 사람들은 노래에 완벽하게 사로잡혔다.

이때 감동의 두 가지 기준이 작동했다. 우선 관객들은 무척 복잡하고 파악하기 어려워 받아들이기 힘든 무언가를 경험했다. 바로 목소리다. 관객들은 넋을 잃고 자기 자신보다 거대한 무언가를 마주한 것이다. 두 번째로 관객들은 눈앞에서 벌어지고 있는 일을 이해할 수가 없었다. 수전이 노래를 잘할 거라고 전혀 생각하지 않았기 때문이다. 그러나 수전은 가장 환상적인 방식으로 노래를 불렀다. 사람들은 도저히 알 수 없고 이해하기 힘든, 비현실적인 일을 마주하게 되면 시간이 정지한 것처럼 느낀다. 이 멈춘 시간 속에서 수전 보일의 이야기를 써내려간 것이다. 그리고 방금 경험한 것에 대해 다른 사람들에게 이야기하고 싶어 안달이 난다.

수전이 이와 같은 센세이션을 일으킬 수 있었던 것은 극적인 연출과 감동을 받아들이는 인간의 본능적인 기질 덕분이다. 물론 그의 아름다운 목소리가 가장 큰 역할을 했지만 말이다.

경외감을 부르는 정교한 건축물

형태는 감정을 불러일으킨다. 뉴욕의 구겐하임미술관을 예로 들어보자. 초현대적인 외관인 구겐하임미술관은 무려 1959년에 프랭크 로이드 라이트가 설계했다. 독특하고 다소 우주적인 형태 때문에 영화 〈맨 인 블랙Men in Black〉의 촬영지로 사용되기도 했다. 내부도 외견 못지않다. 온 바닥이 위를 향해 치솟는 나선형이다. 두말할 필요 없이 경이로운 건물 구조다.

스웨덴에도 상당한 솜씨를 발휘한 건축물들이 있다. 한 예로 말뫼의 터닝토르소Turning Torso는 스웨덴에서 가장 높은 마천루로 1,904미터에 달한다. 그렇지만 건물을 보면서 경외감을 경험할 수 있는 가장 좋은 예는 교회 내부 양식이다. 한 번쯤은 교회 내부 양식을 보며 성스럽다거나 숭고하다고 옆 사람과 속삭인 적이 있지 않은가? 속삭여 말한다는 사실 자체가 경외감에 사로잡혔다는 의미다. 속삭임은 경외감을 표현하는 방식 중 하나다.

건축물의 형태에 따라 감정은 자극받는다

모든 구조물에는 하나의 기능이 있다. 온기를 보존하거나 머리 위에 보호막을 제공하거나 아픈 사람을 돌보거나 지식을 전파하거나 예술품을 보관 및 전시하거나 토론하고 중대한 결정을 위해 모이거나 춤추거나 먹거나 하기 위한 기능 말이다. 건축물의 형태는 이러한 기능을 보조하는 역할을 하는데 그 방식에 따라 감정의 자극을 받기도 한다.

아그라의 타지마할, 로마의 시스티나 성당, 바르셀로나의 사그라다 파밀리아 성당, 두바이의 부르즈 할리파, 카이로의 피라미드 같은 강렬한 감정을 불러일으키는 고전적인 건축물을 떠올려보자. 강렬한 인상을 주도록 설계된 이 건축물들은 우리 앞에 우뚝 서서 우리의 기분을 한껏 고조시킨다. 어쩌면 거대한 무언가와 연결되어 있다고 느끼게 하는 것 같다. 그렇지만 동시에 어떠한 건축물들은 우리를 짓누르고 우리 자신을 더없이 작은 존재로 느끼게 만들기도 한다. 이를테면 옛날 법원은 판사가 피고인보다 높은 자리에 앉는 구조로 설계하여 힘을 가진 자가 누구인지를 머릿속에 심어주었다. 나치 독일의 수석 건축가인 알베르트 슈페어 ^{Albert Speer} 는 권력과 통제라는 메시지를 건축물에 담은 사람 중 한 명이다.

건축물과 경외감의 관계

워털루대학교 학생인 한나 네가미 ^{Hanna Negami} 는 건축물과 경외감의 관계에 대해 탐구했다. 건물 자체가 경외감을 불러일으킬 수 있을까? 만일 그렇다면 건축 구조의 어떤 부분과 관련이 있는 걸까? 건물의 규모가 인간에게 광대하고 무한한 느낌을 주는 중요한 요소라는 것은 이미 알고 있는 사실이다.

아찔한 높이와 키 큰 나무도 탄성을 자아내게 한다. 한나 네가미는 건축물의 어떤 부분이 경외감을 불러일으키는지 알아보기 위해 내부의 물리적인 특질을 측정할 수 있는 평가 척도를 개발했다. 교회와 기타 인상적인 건축물을 담은 사진 60장을 종교적인 상징, 근처에 물가가 있는지 여부, 반복적인 양식 등과 같은 내부 실내 장식의 요소 24개와 대조하여 평가했다.

한나는 건축적 특질과 거기에서 야기된 감정 사이에 두드러진 연관성을 발견했다. 천장이 높은 웅장한 실내는 긴장감을 조성했다. 풍부한 장식은 행복감을, 단출한 장식은 두려움과 거부감을 불러일으켰다. 빛과 반복되는 요소, 제한된 공간은 편안함을 만들어냈다. 천장 높이와 모양, 건축물의 규모와 외형, 반복적인 요소가 클수록 경외감도 더욱 커졌다. 그림, 장식품, 기둥과 아치, 조각품이나 예술품 같은 장식적인 요소도 경외감을 느끼게 했다. 교회, 사찰, 그 밖의 영적인 공간이 왜 경외감을 자아내는지 충분히 설명이 가능했다.

시기를 막론하고 건축가들은 이 모든 것을 직관적으로 이해하고 있었던 것 같다. 건축가들은 경의를 표하고 사색하기 위한 용도로 지은 건축물에 이미 오래전부터 경외감을 불러일으키는 요소를 심었다. 그렇지만 이제야 과학적인 접근법을 통해 뇌에서 어떤 일이 벌어지는지 설명하게 되었다. 미국 가톨릭대학교의 훌리오 버뮤데즈Julio Bermudez 건축학 교수는 사색을 위한 건물은 자극하는 뇌의 영역이 일반 건물과 다르다는 사실을 밝혀냈다. 그는 한 무리의 건축가들에게 사진을 보여주고 fMRI 스캐너로 이들의 뇌를 관찰했다. 사색을 위한 건물은 뇌에서 감정과 지각 효과를 담당하는 영역을 활성화시켰다. 즉, 한껏 고조된 미학적 경험을 하도록 만들었다. 동시에 사색을 위한 건물은 명상과 마찬가지로 뇌의 디폴트 모드 활동을 둔화시켰다.

다시 말해 이러한 건물들은 '그저' 아름다운 게 전부가 아니며 그 밖에 중요한 기능을 충족하고 있다는 뜻이다. 이는 비단 개인적인 차원에서 그치지 않는다. 시립도서관이 없는 스톡홀름, 성베드로 성당이 없는 로마, 엠파이어스테이트빌딩이 없는 뉴욕을 상상해보라. 이 아름다운 건물들은 그 지역을 상징하는 랜드마크일 뿐만 아니라 탄성을 자아내는 감동을 불러일으키고 있다.

선입견을 부수기 위해
칼을 삼킨 교수
=
한스 로슬링

세계 발전에 대한 강연을 끝내면서 강연자는 갑자기 반듯하게 다림질한 셔츠를 찢었다. 청중 앞에는 창백하고 약간 체격이 왜소한 중년 남성이 반짝이는 금색 스팽글이 달린 검은 탱크톱을 입고 서 있었다. 웅웅 울리는 드럼 소리에 청중이 조용해졌고 그는 청중에게 최대한 조용히 있어 달라고 했다. 느닷없는 공연에 사람들은 눈을 동그랗게 뜨고 기다렸다.

국제보건학 교수인 한스 로슬링Hans Rosling은 어릴 적부터 서커스 공연 보는 것을 좋아했다. 저글러가 공중으로 전기톱을 던지고 라인 댄서가 뒤로 10번 공중제비를 넘는 광경처럼 불가능할 것 같은 묘기를 눈앞에서 볼 때면 내면에서 경이로움이 싹텄고 그 느낌이 좋았다. 그는 정말로 서커스 곡예사가 되고 싶었지만 부모님은 좋은 생각이라고 여기지 않았다. 그는 결국 의대에 진학했고 파악하기 어려운 개념들을 일목요연하게 정리하면서 세계에 혁신을 일군 교수가 되었다.

그는 이론만으로는 이해하기 어려운 과학을 극적이고 과감한 방식으로 직접 보여주는 것을 즐겼다. 왜냐하면 이론도 반드시 경험해야 받아들이기 쉽기 때문에 시선을 끄는 동영상, 그림, 이야기 그리고 극적인 예시를 강의에 꼭 넣었다. 그중에는 발전 곡선을 묘사하기 위해 손수 제작한 플라스틱 판자 탑도 있었다. 하지만 그의 뒷주머니에는 아직 비장의 카드가 하나 더 있었다. 바로 '칼'이었다. 그것도 집어삼키기 위해 준비한 칼.

한스 로슬링이 서커스 곡예사가 되고 싶어 했다는 이야기를 기억하는가? 그는 강의 시간에 교수가 식도의 움직임을 설명하면서 칼을 삼키는 곡예사의 엑스레이 사진을 보여주자, 어릴 적 꿈이 되살아났다. 앞으로 무엇을 해야 할지 깨닫는 순간이기도 했다. 그는 즉각 행동에 나섰다. 집에 돌아가서 낚싯대로 연습을 시작했다. 진척은 거의 없었다. 목에 걸리기 전에 고작 몇 센티미터 집어넣는 데 그칠 뿐이었다. 실망한 그는 꿈을 포기했다.

3년 후, 병원에서 실습을 하던 한스는 기침 소견이 있는 한 나이 든 남성을 만났다. 남성에게 직업을 묻자, "칼 삼키는 곡예를 합니다"라고 답했다. 나중에 밝혀진 사실인데 그는 바로 강의 시간에 봤던 엑스레이 사진 속 남성이었다. 정말이지 놀랍지 않은가? 한스는 기회를 포착하고 곧장 도움을 청했다. 전에 시도해본 적이 있었지만 낚싯대를 깊숙이 밀어 넣지 못했다고 이야기했다. 그 나이 든 남성은 놀란 눈으로 그를 바라보며 "의사 선생님이시잖아요. 식도는 평평해요! 납작한 물건만 밀어 넣을 수 있어요. 그래서 저희가 칼을 쓰는 거고요"라고 외쳤다. 그래서 한스는 집에 돌아가 수프 국자로 연습하기 시작했다. 물론 손잡이가 납작한 물건으로 말이다. 나중에 1805년산 총검을 발견했을 때는 이미 숙련된 칼 삼키기 곡예를 마스터한 뒤였다.

한스 로슬링은 자신의 책 『팩트풀니스Factfulness』에서 칼 삼키기 곡예가 인류 역사 내내 사람들을 사로잡은 묘기였기 때문에 이끌렸다고 했다. 감동은 자명한 사실 그 너머를 생각하도록 사람들에게 영감을 불어넣으며 칼 삼키기 곡예는 그런 감동을 일깨우는 묘기라는 것이다. 그는 강연 말미에 직접 그 묘기를 활용해 불가능해 보이는 게 가능하다는 사실을 보여주기로 했다. 귀여운 나이 든 교수가 갑자기 셔츠를 찢고 칼을 통째로 삼키는 것만큼 불가능한 일이 또 뭐가 있겠는가?

한스 로슬링은 신념이라는 게 얼마나 허황된 것인지, 선입견이라는 게 어떻게 우리를 틀에 가두는지 말하고 싶었다고 한다. 또 그와 동시에 청중이 자신을 문제 있는 사람으로 보면서 당황하기보다는 감동하기를 바랐다. 자신의 행동이 청중의 호기심을 자극하고 영감을 주기를 바란 것이다. 어릴 적 서커스 공연을 보면서 느꼈던 '와, 어떻게 저런 게 가능하지?'라는 생각이 들도록.

6장

예술이 주는 감동

삶을 뒤흔드는 예술적 황홀함

아름다움이 문학으로 표현될 때

시인 토마스 트란스트뢰메르^{Tomas Tranströmer}는 베네치아의 산 마르코 성당을 보고 엄청난 감동을 받아 눈물까지 흘렸다고 한다. 성당 내 한 공간이 다른 공간 뒤에 숨어 있는 형태가 인생과 닮았다는 것이다. 스웨덴의 집으로 돌아온 그는 감동의 순간 머릿속에서 벌어지던 일들을 글로 옮겨 적었고 그 내용은 그의 유명한 시 중 하나인 〈로마네스크 아치^{Romanska Bågar}〉가 되었다.

"그대가 인간인 것을 부끄러워 말라, 자긍심을 가져라! 그대 안에 금고가 끝없이 펼쳐져 있으니. 그대는 결코 완성되지 않으며, 마땅히 그러할 것이다.^{Skäms inte för att du är människa, var stolt!} Inne i dig öppnar sig valv bakom valv oändligt. Du blir aldrig färdig, och det är som det skall."

미국에서 가장 널리 읽히는 시인인 메리 올리버^{Mary Oliver}는 자연과 아름다움을 이렇게 예찬했다.

"그대에게 묻고자 한다. 그대도 아름다움이 어떤 대단한 이유로 존재한다고 생각하는가? 그대가 그대 자신의 삶이라는 모험에 매료되지 않았다면 과연 무엇이 그대를 매료시킬 수 있을까?^{Let} me ask you this. Do you also think that beauty exists for some fabulous reason? And, if you have not been enchanted by this adventure-your life-what would do for you?"

우리는 모두 문학적 개념과 사랑에 빠져 있다. 책을 읽으면서 경외감을 준 작가를 꼽자면 보딜 말름스텐, 마리안네 프레드릭손^{Marianne Fredriksson, 스웨덴 작가}, J.R.R. 톨킨, 존 어빙, 아룬다티 로이, 메릴린 로빈슨, 엘리자베스 스트라우트 등이 있다. 당신은 누구에게 감동을 받는가?

누구나 한번쯤 음악을 통해 전율한다

음악은 가장 손쉽게 감동을 불러일으킨다. 대커 켈트너 교수
는 예술을 격찬하면서 음악이 강력하고 직접적인 감동의 원
천이라고 주장했다. 음악은 감동으로 곧장 이어지는 지름길
이며 소름이 돋고 목이 메는 경험을 자주 일으킨다는 것이다.
음악은 접근성이 좋아 쉽게 소비할 수 있다는 점도 그의 주장
을 뒷받침한다.

예술이 수명을 늘린다고?

스페인어에는 예술이 주는 감동을 가리키는 단어가 따로 있을 정도다. 바로 두엔데duende다. 풀이하자면 '사람의 깊숙한 부분을 뒤흔드는 예술의 불가해한 힘, 또는 특별한 경지에 오른 황홀감'이라는 뜻이다. 사진작가 에릭 요한슨Erik Johansson을 예로 들어보자. 그는 전시 〈플레이스 비욘드Places beyond〉에서 사람들이 이미 알고 있다고 생각하는 세계를 재평가하게 만들었다. 그의 사진은 감정을 고조시킬 뿐만 아니라 상상력을 자극했다. 최근 연구에 따르면 한 달에 여러 번 예술을 감상하거나 연극을 관람한 사람들은 예술과 연극에 전혀 관심 없는 사람들보다 사망할 확률이 31% 줄어드는 것으로 나타났다.

그렇다면 오늘날 감동의 성지는 어디일까? 미래주의자, 철학자, 작가이자 유튜브 채널 〈경외감의 순간들Shots of Awe〉의 운영자인 제이슨 실바는 서라운드 음향 시스템이 갖춰진 아이맥스 영화관이라고 했다. 그는 아이맥스 영화관이 오늘날의 고딕 양식 대성당에 해당한다고 봤다. 영화관의 어둠은 뭔가 거대한 것을 고대하는 마음을 충족시켜준다. 〈아폴로 13Apollo 13〉, 〈인터스텔라Interstellar〉, 〈매트릭스The Matrix〉, 〈인셉션Inception〉 같은 영화에 푹 빠져 있다 보면 자의식이 사라지는 황홀한 경험을 하게 된다. 우리는 꿈을 꾸고 상상 속의 세계에 빠져들며 소외감과 단절감에서 해방된다. 이전에는 이러한 느낌을 대성당에서 느낄 수 있었다. 납땜한 스테인드글라스를 통해 아래로 쏟아지는 빛, 놀라운 높이의 천장, 경건하게 울려 퍼지는 오르간 음악 속에서 말이다. 그 역할을 이제 영화관이 대신하는 것이다.

곧게 침투하는 선율과 진동

기타에서 단음의 선율이 멀리멀리 울려 퍼진다. 찌르르 울리며 너울치고 아치형으로 퍼진다. 계속되고 계속되고 계속된다. 카를로스 산타나Carlos Santana, 멕시코 태생의 미국 음악가 겸 라틴 록 기타리스트가 단음을 연주하면서 형식과 색채, 울림을 변주한다. 지금 이야기하는 선율은 산타나의 〈유로파Europa〉 라이브 버전이다. 음악이 불러일으키는 감동의 힘을 설명하기에 적합한 곡이다. 우리가 가장 좋아하는 곡이며 라니 시오타 부교수가 가장 좋아하는 곡이기도 하다. 라니 시오타 부교수는 산타나가 단음의 속도를 바꿔가며 음악을 어마어마하게 복잡하게 만드는 방식을 설명하면서 바로 그 지점이 감동을 불러일으킨다고 했다. 그러면서 "〈유로파〉 라이브 버전이 선풍적인 인기를 끈 이유이기도 하죠"라고 덧붙였다.

라니 시오타 부교수는 음악을 사람들에게 감동을 주는 특유의 자극이라고 보았다. 음악에는 독창성과 함께 음악만의 복잡함이 들어 있다. 출발점은 사람의 귀가 소리로 느낄 수 있는 음파다. 음에는 더 큰 여러 오버톤이 들어 있다. 이 오버톤들은 코드 전체를 담고 있는 음이기 때문에 카를로스 산타나는 단 하나의 음을 가지고도 다양하게 들리도록 만들 수 있다. 음악의 이러한 복잡성이 바로 감동을 준다는 것이다.

사람들은 뇌가 음악의 패턴을 받아들이고 의미를 파악하는 과정에서 감동을 경험한다. 여기서 의미란 '주제'가 될 수 있다. 프린스의 〈퍼플 레인Purple Rain〉이나 롤링스톤즈의 〈항상 원하는 걸 가질 수는 없어You can't always get what you want〉에서도 이런 주제를 찾아볼 수 있다. 또는 일련의 음으로 구성된 화음도 감동을 불러일으킬 수 있다. 앨리슨 크라우스의 〈강가로 놀러 와Down by the river to play〉처럼 여러 방향에서 서로 겹치고 충돌하는 화음을 예로 들 수 있다. 같은 주제인데도 여러 상황에서 다른 사람이나 다른 악기로 시작하는 것 같은 다양한 종류의 카논canon도 예가 될 수 있다. 이를테면 뮤지컬 〈렌트Rent〉의 〈윌 아이Will I〉가 있다. 그러나 패턴은 다양한 악기나 여러 트랙으로 구성될 수도 있다. 도나 썸머와 브루클린 드림즈의 〈맹세코Heaven knows〉가 대표적이다. 언어와 리듬도 패턴을 만들 수 있다. 노토리어스 B.I.G.의 랩 〈노 머니, 노 플라브럼스Mo Money, Mo Problems〉를 예로 들 수 있다. 카를로스 산타나가 감동을 경험할 수 있도록 구축한 단음도 마찬가지다.

취향에 따라 감동의 크기도 달라진다

어쩌면 앞서 언급한 곡을 듣고 있을지도 모르겠다. 아닐 수도 있지만 말이다. 음악에 대한 감상은 개인적이라서 감동과 음악의 관계를 연구하는 것은 쉽지 않다. 똑같은 음악에 어떤 사람은 기뻐서 방방 뛸 수도 있지만 어떤 사람은 바닥으로 푹 꺼질 수도 있으니까 말이다. 또한 들을 수 있는 소리도 다르다. 귀가 얼마나 단련되었는지에 따라 소리를 들을 수 있는 능력도 달라진다.

그러나 한 연구에 따르면 상박上拍, up-beat을 가진 장르의 음악을 들을 때 감동을 경험하는 비율이 가장 높은 것으로 나타났다. 다시 말해 컨트리, 팝, 종교 음악, 사운드트랙처럼 경쾌한 장르의 음악 말이다. 그다음으로 클래식, 재즈, 블루스, 포크와 같은 '사색적이며 복잡한 음악', 힙합, R&B/소울, 전자음악과 같은 '활력이 넘치고 리드미컬한 음악'이 뒤를 이었다. 감동을 경험하는 비율이 가장 낮은 장르는 메탈과 록 등 '강렬하고 반항적인 음악'이었다. 하지만 네 가지 음악 장르 모두 듣는 사람이 행복감을 느끼면 감동받을 수밖에 없고 이를 통해 감동이 긍정적인 감정이라는 것을 다시 한번 알 수 있다.

어떤 음악이 감동을 주는지는 자기 자신이 가장 잘 안다. 연구에 따르면 감동을 가장 많이 주는 음악 장르는 항상 듣는 이의 취향에 맞는 음악이었다. 장르와 관계없이 말이다. 예전에 들어본 적 없는 음악보다 친숙한 음악이 흥분과 전율을 느끼게 할 확률도 더 높다. 매력적이고 마음을 사로잡는 구조를 가진 음악, 다시 말해 차츰 정점을 향해가는 구조의 음악도 감동을 주는 원천이다.

데이비드 야덴은 음악에 대해 이렇게 말한다.

> "음악은 듣는 이의 상상력을 활성화하며 뇌 속에 끝없이 펼쳐지는 공간을 만들어내는 능력이 있습니다."

삶의 궤도를 바꾸는 회화 작품

예술가인 제니퍼 앨리슨Jennifer Allison에게 예술이 없는 삶은 감동이 없는 삶과 같다. 그리고 감동이 없는 삶은 삶이 아니다. 그는 감각 처리 장애를 앓고 있다. 감각 처리 장애란 감각적 자극에 지나치게 반응하는 것으로, 모든 소리에 온 신경이 곤두서고 옷이 피부를 사포처럼 쓸어대며 숫자 4를 보면 파란색이 연상되는 식이다. 청소년기에 그의 뇌에서 벌어진 불협화음은 견디기 어려울 정도였다. 버텨내기 위해 처음에는 술에, 나중에는 약에 의존하면서 스스로 치료해보려고 했다. 그러다가 어느 날 외부 세계가 하나의 커다란 캔버스이고 자신은 큰 그림의 일부라는 사실을 깨달았다.

제니퍼 앨리슨의 예술

제니퍼는 그때부터 그림을 그리기 시작했다. 모든 자극을 쏟아낼 방법을 발견한 것이다. 이제는 독특한 지각 능력을 떨쳐내고 싶어 하지 않는다. 감동이 자신의 건강에 유의미한 영향을 미칠 뿐만 아니라 무엇보다도 그 감각을 통해 큰 그림을 볼 수 있는 시야를 가지게 되었기 때문에 오히려 그 능력에 감사해하고 있다. 제니퍼는 테드 강연에서 이렇게 말했다.

> "감동은 우리를 지상에 붙들어 매며 다른 사람들과 연결되어 있다고 느끼게 합니다. 그리고 그 사실은 '진정으로 경외할 만한 것'입니다."

제니퍼 앨리슨의 작품에는 감동적인 예술품에서 흔히 보이는 이미지가 들어 있다. 바로 자연과 키 큰 나무들이다. 그러나 제니퍼는 자신의 경험에 대해 이야기할 때 주로 빛에 대해 말한다. 줄지어 선 나무 뒤로 빛이 어떻게 떨어지는지, 그림자가 어떻게 드리우는지, 어떻게 빛을 더욱 반짝이게 만드는지에 대해 설명한다. 빛과 그림자의 반복적인 패턴은 철학자 에드먼드 버크^{Edmund Burke, 아일랜드 출신의 영국 보수주의 정치가 겸 철학자}가 예술에서 감동을 일으키는 것에 대해 말할 때 언급했다. 빛은 뭔가가 감춰져 있을 거라는 환상을 불러일으키고 뇌는 자신이 보고 있는 것을 이해하기 위해 고군분투한다. 알다시피 뇌는 패턴을 찾으려는 경향이 있기 때문이다.

감동을 자아내는 회화 작품

클로드 모네와 〈수련〉 연작은 감동을 이야기할 때 자주 거론된다. 모네의 작품들은 빛과 관련이 있는데 모네는 빛을 포착하는 데 거장이었다. 〈수련〉 연작에 앞서 모네는 시간대별로 루앙의 대성당을 여러 번 그렸다. 이미 알고 있을 수도 있지만 모네는 건초 더미에 상당히 집착했다. 건초 더미를 그린 그림에서도 빛은 상당히 중요한 역할을 했다. 그러나 모네에게 세계적인 명성을 안겨준 그림은 지베르니의 정원에 핀 섬세하게 반짝이는 〈수련〉이었다. 모네를 비롯해 동시대 여러 작가는 새로운 예술 장르를 개척했고 훗날 이 장르는 모네의 그림인 〈인상, 해돋이〉에서 따온 이름인 인상파로 불렸다. 감동에 심취한 모든 사람이 흥미로워할 만한 점은 이 그림이 일출을 담았다는 사실이다. 일출은 감동을 일으키는 단일 원천 중 상위 3위 안에 드는 현상이다.

에드먼드 버크가 말했던 '감춰진 것'은 인상파 이후의 장르인 추상 미술에서도 나타난다. 그러나 추상 미술에서는 이 감춰진 것을 모티브로 담아내는 대신 굵은 연필 선과 커다란 채색 캔버스로 표현했다. 칸딘스키, 말레비치, 몬드리안, 로스코 등이 추상 미술계의 놀라운 작가들이다. 로스코는 "내 그림 앞에서 눈물을 흘리는 사람들은 내가 그림을 그리면서 경험한 것과 같은 영적인 경험을 한 것이다"라고 말했다. 추상화는 바실리 칸딘스키가 처음으로 그렸다고 알려져 있지만 최근에는 한참 후에나 주목을 받은 스웨덴 예술가 힐마 아프 클린트Hilma af Klint로부터 영감을 받은 것으로 추정하고 있다.

힐마 아프 클린트의 그림이 어땠을지 상상이 가는가? 한 가지 색으로 칠해진 커다란 캔버스에 유기적인 형태, 패턴, 상징이 그려져 있다. 분홍색, 금색, 주황색, 보라색, 파란색 그리고 원형, 나선형, 거품, 조개껍데기 모양들. 이 예술가는 사원에 걸 사후 세계를 담은 그림을 그려달라는 의뢰를 받고 1906년에 처음으로 추상화를 그렸다. 힐마 아프 클린트는 심령론자로 교령회영매를 중심으로 한 모임에 자주 참가했다. 그녀는 모든 게 하나이며 세상은 물리적 차원에 국한되지 않고 내면에도 존재한다는 메시지를 전파하고 싶어 했다. 작품은 총 193점이 있었지만 세상에 공개하지 못하게 했고 결국 힐마 아프 클린트의 작품은 사후 42년 후에나 세상의 빛을 보게 됐다.

> "연작 〈가장 큰 10개 De tio största, The ten largest〉가 걸린 방으로 들어갔을 때 저는 완전히 전율을 느꼈습니다. 온몸의 털이 곤두선다고들 하는데 그렇다기보다는 오히려 기분 좋은 경험이었습니다. 몸과 영혼이 반응했고 그게 무엇인지 이해하려고 했죠."

기자이자 작가인 안나 라에스타디우스 라르손Anna Laestadius Larsson은 스페인 말라가에 있는 피카소미술관에서 힐마 아프 클린트의 그림을 처음 봤을 때의 감상을 이렇게 술회했다. 당시 안나는 상설 전시를 보러 피카소미술관을 찾았는데 마침 한 스웨덴 여성 화가의 전시를 알리는 작은 현수막을 보게 됐다. 당시만 해도 그 스웨덴 화가에 대해 알지 못했고 안나는 아무런 마음의 준비도 없이 그 또렷하고 조화로운 색채들을 마주했다. 그림의 크기도 바닥에서 천장까지 닿을 정도로 상당히 인상적이었다. 그림마다 상징이 가득했고 각각의 세계와 우주를 담고 있었다.

안나 라에스타디우스 라르손은 그때 느꼈던 감정을 '감동'이라고 표현할까?

"개인적으로 그 순간은 물리적인 충격을 받았을 때와 같은 느낌이었어요. 육신과 영혼이 노래를 부르는 것 같았죠. 알고 싶다는 욕구가 끓어올랐습니다. 이게 대체 뭐지? 어디에서 기인한 거지? 저는 그 느낌이 무엇인지 더욱 자세히 알고 싶었어요."

감동의 효과에 대해 전혀 아는 바가 없었던 안나는 힐마 아프 클린트의 그림을 감상한 이후 좀 더 겸손하고 개방적인 태도를 갖게 되었다고 한다. 살면서 가장 강렬했던 예술 감상이었다고도 했다. 안나는 자신을 꽤나 이성적이며 논리적인 사람이라고 생각했고 예술 감상은 대개 지적인 유희를 위한 것이었는데 그때만큼은 굉장히 놀랐다는 것이다. 그 경험은 삶의 궤도를 바꿀 정도로 혁명적이었다. 안나는 미술관을 나서자마자 출판사에 연락해 다음 책은 힐마 아프 클린트에 대해 쓰겠다고 했다.

VR 영상으로 감동을 불러일으킬 수 있을까?

감동을 불러일으킬 정도로 강렬한 색채가 만들어지려면 이따금 자연의 도움이 필요하다. 뇌 과학자 카타리나 고스픽 Katarina

Gospic은 명상 및 마음챙김을 위해 숲을 체험할 수 있는 가상현실VR 영상을 만들었다. 그런데 이 VR 영상으로 의도한 효과를 얻으려면 섬세한 기법을 통해 색채를 좀 더 선명하게 만들어야 한다는 사실을 깨달았다. 또 다른 VR 영상인 〈경외감 만들기Creating Awe〉에서는 신비로운 캐릭터를 따라가면 숲, 해저, 우주 등 다양한 자연환경을 만날 수 있다. 이 연구는 캐나다의 시몬프레이저대학교에서 진행한 예술 및 과학 융합 프로젝트로 VR 영상으로도 감동을 불러일으킬 수 있는지, 감동의 긍정적인 효과를 체험할 수 있는지를 알아보기 위해 실시되었다. 연구를 위해 색채, 움직임, 서사, 음악을 사용했으며 참가자의 43%가 전율을 느꼈고 감동을 통해 감정이 고조되는 느낌을 경험했다고 보고했다. 또한 다른 사람과 연결되어 있다는 느낌이 증가했으며 실험 참가자들 각자가 겪고 있는 문제가 세계의 숭고함 앞에서 덜 중요하게 느껴진다고 말했다.

패턴과 반복이 주는 경이로움

패턴과 반복은 경외감을 일깨운다. 폴 피프 부교수는 색색의 물방울이 우유가 담긴 병 안으로 떨어지는 것을 슬로 모션으로 촬영한 동영상을 연구에 활용했다. 실험 참가자들은 떨어지는 물방울이 우유 위로 활화산처럼 유기적인 모양을 그리며 퍼져나가는 것을 바라보았고 곧 그 패턴에 매료되었다.

오랜 시간 공들인 만다라를 파괴하는 이유

티베트의 불교 승려들은 패턴과 패턴 생성을 아주 이례적인 경지로 끌어올린 사람들이다. 이들의 만다라는 놀랍도록 정밀한 기술로 색 모래를 이용해서 만든다. 무수한 패턴이 하나의 커다란 패턴을 형성하는 식이다. 승려들은 오랜 시간을 들여 만다라를 제작하는데 어떤 만다라는 완성되는 데 며칠이 걸리기도 한다. 바닥이나 탁자에 놓인 완성된 모래 만다라를 보며 모두가 감탄한다. 방 하나를 차지하는 만다라도 있는데 방문객이나 참관객은 이러한 만다라를 보며 강렬한 감동과 놀람, 환희를 느낀다. 만다라는 우주의 신비를 형상하는 무한한 원을 그린 그림이다. 모든 사람이 감상을 마치면 놀랍게도 승려들은 만다라를 파괴한다. 상당한 시간을 들여 그토록 아름다운 작품을 만든 뒤에 모래를 쓸어내는 것이다. 모든 게 무상하다는 것을 일깨우기 위한 의식이다.

모든 예술은 선입견을 뒤흔든다

불확실성 속에서도 편안함을 느끼게 하는 것이 감동의 가장 큰 이점이다. 해답이 없어도 되고 기존의 세계관에 집착하지 않아도 된다. 기존에 정립된 사고 패턴이 끊어지면 새로운 정보가 스며든다. 새로운 이해와 새로운 연결이 자리를 잡게 된다.

모든 예술은 기존에 짜인 틀에 도전하고 이를 부수는 동시에 선입견을 뒤흔들어 감동의 세계에 들어 있는 새로운 정보를 받아들일 수 있게 만든다.

모네 그림에서 거품처럼 피어난 수련이나 힐마 아프 클린트의 놀랍도록 거대한 파스텔 색채 그림을 통해 감동을 경험할 수 있다고 했지만, 이 그림들을 마주했을 때 무엇을 느낄지는 알 수 없다. 눈물을 흘리게 만드는 것, 마음속에 온기가 퍼지도록 하는 것, 행복감에 뇌세포를 파들거리게 하는 것, 전율을 느끼게 하는 것이 무엇인지는 오직 당신 자신만이 알 수 있다.

양치식물의 잎이나 손에 내려앉은 눈송이에서 발견하는 패턴이 당신 안의 감정을 일깨울 수도 있다. 어쩌면 1800년대의 작은 유화에서 발견한 아름다움이, 또는 시내에 전시된 현대미술이 준 정신적 자극이 감동의 원천이 될 수도 있다. 아니면 직접 만들어낼 수도 있다. 최근 성인을 위한 컬러링북이 유행이다. 많은 사람이 일종의 마음 수양 도구로서 프린트된 대칭의 패턴을 색칠하는 데 푹 빠져 있다. 컬러링북은 집중과 휴식에 초점을 맞춘 완벽하게 현대적인 조합으로, 정신이 휴식을 취하는 동시에 색칠하고 바라보면서 감동을 받기도 한다.

감동을 선보이는
예술가와 큐레이터
=

마르티나 도몬코스 클렘메르 & 구닐라 팔름스티에르나-바이스

삶의 문제들이 몰려들 때, 다시 말해 스트레스를 받을 때면 마르티나 도몬코스 클렘메르M. D. Klemmer는 스톡홀름의 국립미술관으로 향한다. 널찍한 홀에서 예술품에 둘러싸여 인류의 공통분모를 발견한다. 그것은 바로 인간은 모두 삶의 의미에 대해 질문한다는 것이다. 마르티나는 예술품에서 수천 년을 거슬러 올라가는 구명 밧줄을 봤고 삶을 구성하는 핵심 요소와 이를 구현하는 방법을 봤다. 사랑, 슬픔, 삶과 죽음. 예술품을 볼 때면 희망과 감동이 솟구친다고 했다.

| "저는 혼자가 아니에요. 우리 모두 애를 쓰고 있죠."

마르티나는 도로테아아트이니셔티브Dorothea Art Initiatives를 이끌며 열정적으로 예술 관련 기획을 하고 있다. 우리는 마르티나와 마르티나에게 엄청난 영향을 준 예술가를 함께 만났다. 바로 91세의 도예가이자 조각가이며 아트디렉터인 구닐라 팔름스티에르나 – 바이스G. Polmstierna-Weiss다. 둘 다 관찰자이자 수행자로서 감동을 신봉했다.

구닐라는 잉마르 베리만Ingmar Bergman과 페터 바이스Peter Weiss 작품의 예술 감독으로 세계적인 명성을 얻고 있다. 구닐라는 페터 바이스와 결혼했고 두 사람은 유럽 문화 현장에서 잘 알려진 국제적인 커플이다. 이 커플이 만났던 사람들도 모두 유명 인사로 시몬 드 보부아르, 장 폴 사르트르, 아나이스 닌, 울리케 마인호프, 존 케이지 등이 있다. 이 둘은 정치와 문화 영역에 적극적으로 참여했을 뿐만 아니라 베트남 전쟁과 쿠바 혁명에 반대하는 저항 운동을 벌이기도 했다. 1960년대 초반 현대미술관 중흥에 기여한 지식인 및 예술가 모임에 참여하기도 했다. 구닐라는 이렇게 말했다.

"감동이란 뭔가에 빨려 들어가서 주변의 다른 모든 것이 사라지는 것을 말합니다. 보고 있는 것과 혼연일체가 되죠. 감동은 개인의 발전에도 영감을 줍니다. 그렇지만 저는 감동을 불러일으키기 위해 무언가를 만들지는 않습니다. 한 번도 그걸 목적으로 삼은 적은 없습니다."

구닐라는 자신의 원동력은 호기심이며 자신과 자신의 역량을 시험하는 거라고 설명했다. 막 18세가 되었을 무렵, 구닐라는 파리에서 1400년대에 제작된 6개의 고블랭직gobelin, 여러 가지 색깔의 실로 무늬를 짜 넣어 만든 장식용 벽걸이 천인 〈일각수와 여인La dame à la licorne〉을 보고 푹 빠졌다. 그때 처음 예술품을 마주하고 감동했다고 한다. 패턴, 색과 꽃으로 표현된 상징은 결코 잊을 수 없는 강렬한 경험이었다는 것이다. 73년 후, 구닐라는 여전히 그 적황색 직물에 기반을 둔 예술품을 만들고 있다.

구닐라는 일찍부터 예술에 삶을 바치기로 결심했다. 제2차 세계대전 때 로테르담이 수복되자, 구닐라는 독일의 바우하우스 조형 학교에서 암스테르담으로 도피해온 한 미술 교사를 찾아 나섰다. 여자라는 이유로 그 교사가 받아주지 않자, 일주일 동안 매일 아침 화실 문 앞에 앉아 시위를 벌여 입학 허락을 받았다. 구닐라는 1년 동안 배운 뒤 작은 물레를 하나 가지게 되었고 나중에 스웨덴 스칸센에서 자신만의 도예 공방을 운영했다. 주로 벽에 커다란 조각상을 제작했고 동시에 아트디렉터로 활동했다. 그 뒤 아트디렉터 일에만 전념하며 예술 활동을 펼치게 되었다. 구닐라는 여전히 활동 중이며 가장 최근인 2년 전에는 베이징에서 대규모 개인전을 열어 주목을 받기도 했다.

마르티나 도몬코스 클렘메르는 구닐라의 회고록 『기억의 놀이터Minnets Spelplats』를 읽고 자신과는 전혀 다른 사람을 마주했을 때 느끼는 경이로움을 경험했다. 마르티나는 이를 순수한 육체적 경험이었다고 했다. 구닐라가 예술을 통해 어떻게 살아왔는지, 예술이 성공과 실패의 과정에서 어떻게 구명줄 역할을 했는지 알 수 있었다는 것이다.

> "감동은 슬픔을 느끼게 할 수도 있습니다. 음악을 들으면서 울 때처럼 말이죠. 누군가의 죽음과 같이 마음이 찢어지는 슬픔이 아니라 아름다운 슬픔을 경험할 수 있습니다."

그림이나 일출을 보면서 숨을 잠시 멈출 때처럼 감동의 순간은 아주 짧을 수도 있다. 어떤 것에 사로잡혀 일생을 바치는 경우는 아주 긴 감동을 느꼈을 때다. 바로 구닐라와 마르티나처럼 말이다.

감동의 원천 또한 바뀔 수 있다. 마르티나는 원래 자연에서 감동을 느낄 수 없다고 생각하던 사람이었다고 웃으며 말했다.

자신을 흥분시키는 사람들과 더 어울리고 싶어 했다고 한다. 하지만 지금은 달랐다. 우리와 만날 당시 마르티나는 마침 뉴질랜드에서 귀국한 참이었고 뉴질랜드의 한 조각공원에 완전히 사로잡혀 있었다. 그 조각공원에는 멀리 지평선과 바다를 배경으로 40여 명의 예술가가 물결치는 언덕과 나무, 꽃 한가운데에 각자의 조각품을 만들어놓았다고 한다.

> "그곳에는 다양한 층위의 감동이 있습니다. 예술 자체도 그렇지만 신의 예술품인 자연과 제가 만들어낸 예술품인 제 가족 역시 감동의 원천이었습니다."

오랜 시간 바라보다 보면 시간의 변화에 따라 감동의 대상도 바뀐다. 구닐라 역시 여기에 동의했다. 감동을 주었던 대상이 시간이 갈수록 평범하게 느껴질 수도 있으니 말이다.

> "그래서 계속 호기심을 품는 게 중요합니다. 호기심을 잃는 날이면 끝장이죠. 죽은 것과 다름이 없습니다."

| 7장 |

공동체 의식이 주는 감동

하나로 연결되어 있다는 희열감

모두가 한마음으로 모일 때

"나에게는 꿈이 있습니다. 네 명의 자식들이 언젠가는 피부색이 아닌 품성으로 평가받는 나라에서 살게 되는 것입니다."

1963년 8월 28일, 워싱턴 D.C.에서 마틴 루터 킹은 24만 명의 대중을 앞에 두고 '나에게는 꿈이 있습니다^{I have a dream}'라는 연설을 했다. 많은 사람이 이 연설문을 수사학적인 걸작이자 미국 시민권 운동의 한 획을 그은 명연설이라 평하고 있다. 마틴 루터 킹은 이 연설을 통해 백인과 흑인이 평등하게 살아가는 미래에 대해 이야기했다.

전염성이 강한 에너지

마틴 루터 킹의 연설문은 읽는 것만으로도 에너지가 끓어오르고 더 나은 앞날에 대한 공동의 믿음이 느껴진다. 현장에서 듣는 사람들은 어땠을지 상상해보자. 혹은 합창단에서 함께 즐겁게 노래를 부르고 막 집에 돌아왔다고 가정해보자. 아니면 비슷한 사상을 가진 수만 명의 사람과 기후 변화 대책을 촉구하는 시위에 참여했다거나 가장 좋아하는 팀이 드디어 프로 리그에 진출하게 되어 팀의 응원단과 함께 축하하고 있다고 상상해보자.

이러한 상황에서 느끼는 전염성 강한 에너지를 사회학자 에밀 뒤르켕Émile Durkheim은 '집단 열광collective effervescence'이라고 불렀다. 집단으로 모여 있을 때 발생하는, 공통으로 느끼는 끓어오르는 희열감이다. 대커 켈트너 교수는 이를 감동의 원천으로 꼽으며 어떻게 '너울'이 형성되는지 설명했다. 알다시피 이러한 감정은 대형 스포츠 경기장 혹은 음악 공연장에서 생겨난다. 단 30명만 모여도 이 에너지가 파도치며 수천, 수만 명에게로 퍼져나갈 수 있다. 다른 사람의 영향을 받아 순식간에 하나가 된다.

"2006년 아르헨티나의 리버플레이트 스타디움에서 U2가 공연했었죠. 엄청 큰 공연장이었고 저는 수많은 관객 속에 있었습니다. 다른 관객들과 함께 가사를 따라 부르기 시작했을 때, 다들 노래를 마음속 깊은 곳에서부터 알고 있는 것 같다고 느꼈습니다. 제가 경험한 것 중에 가장 거대한 일이었고, 저는 모두가 연결되어 있다는 느낌에 눈물을 흘렸습니다."

"스웨덴 유르고르덴 팀과 말뫼 팀이 맞붙었을 때였어요. 관중이 가득했죠. 분명 3만 5,000명은 됐을 겁니다. 양 팀 응원단이 응원가를 불렀죠. 그 기분은 정말! 게다가 우리 팀이 3:0으로 이겼죠! 경기가 끝나고 다 같이 경기장으로 몰려갔습니다. 엄청났죠! 마법 같았고 행복했어요!"

집단 열광과 종교

그건 그렇고 혹시 하늘에서 한 무리의 새가 질서정연하게 움직이면서 춤추듯이 나는 광경을 본 적 있는가? 금세 넋을 놓을 만한 장면이다. 새들은 놀라울 정도로 통일되게 움직이며 놀라울 정도로 순식간에 동시에 방향을 바꾼다. 어떻게 그럴 수 있는지는 몰라도 마법처럼 아름다운 장면인 것은 분명하다.

뒤르켕에 따르면 달아오르는 느낌은 사람들 사이로 퍼져 나가면서 같은 행동을 하도록 만든다. 어떤 높은 차원의 에너지, 적어도 이 세상의 것이 아닌 것 같은 에너지와 연결되었다고 느끼기 때문이다. 또한 뒤르켕은 '집단 열광'이 종교가 형태를 갖추고 가속하는 데 일조한다고 보았다. 이슬람교도들이 메카를 향해 절을 하는 모습, 불교 신자들이 염불을 외우는 모습, 기독교도들이 손을 마주 잡는 모습 등이 그렇다. 이 공통의 움직임도 하나의 경험이 된다. 최근 연구에 따르면, 집단 열광의 개념은 종교 의식이나 정치적 시위 같은 특별한 사건뿐만 아니라 평범하고 일상적인 경험에도 적용된다고 한다. 세상과 연결되어 있다는 느낌을 심어주어 평범하고 일상적인 경험을 새로운 차원으로 끌어올리는 것이다.

자연재해가 시민들을 단결시키다

자연재해를 통해 감정이 고양되고 다른 사람과 하나가 되었다는 느낌을 받을 수도 있다. 연구자들은 눈보라가 모든 것을 휩쓸어버렸을 때 이웃들과 알지 못하는 또 다른 사람들을 찾아 나서는 모습을 예로 들었다. 평소라면 그러지 않았을 상황에서 모든 것을 내던지고 적극적으로 도움을 주려고 나선다는 것이다.

2017년 4월에 스톡홀름에서 테러 공격이 발생했다. 당시 테러범은 가장 붐비는 인도 위로 탈취한 트럭을 몰고 달렸다. 여러 사람이 목숨을 잃었고 많은 사람이 트라우마를 겪었으며 다들 충격에 빠졌다. 그러나 그 후 신기하게도 스톡홀름 시민들 사이에 친밀감 같은 게 생겼다. 모두가 서로를 돕기 시작한 것이다. 한동안 시가지는 문을 닫았고 스톡홀름 시민들은 단결했다.

지금 이 글을 쓰는 동안 전 세계는 코로나 19에 시달리고 있다. 지금까지 이렇게 빠른 속도로 퍼져나가는 질병은 없었다. 많은 사람이 감염되었고 경제적으로도 엄청난 타격이 뒤따랐다. 그러나 동시에 사람들은 평범함을 뛰어넘어 박애 정신을 보여주기도 했다. HSB스웨덴의 주택협동조합가 시포Sifo, 스웨덴 최대 시장 조사 기관에 의뢰한 설문 조사 결과에 따르면 100만 명의 스웨덴인이 이웃이나 위기에 처한 다른 사람들을 도운 것으로 집계됐다. 전 세계 사람들 역시 서로에게 도움의 손을 내밀고 있다. 베란다에서 창문을 열고 서서 손뼉을 치고 환호성을 지르며 매일 저녁 8시에 의료진을 칭송하는 노래를 부른다.

사회적 동물의 생존 방식

집단에서 경이로움을 찾으려는 행동은 오래된 현상이다. 수천 년 동안 수백 마일, 때로는 수천 마일을 걸어 사람들이 참석하고자 했던 순례길과 제례 의식 등을 떠올려보자. 동지점과 하지점에 사람들이 군집하는 이유는 대부분 중요한 영적 의식이나 제례 의식 때문이었다. 분명 무리를 지어 모이는 경험 그 자체가 선조들이 그렇게 모인 이유 중 하나였을 것이다.

대커 켈트너 교수는 인간이 집단생활을 하는 동물이라는 점을 상기시켰다. 진화생물학적으로 볼 때 인간은 살아남기 위해 상호협력하고 무리를 지어 행동하도록 신체에 새겨져 있다는 것이다. 추운 날씨에 반사회적 포유류는 땅굴을 파고든다. 얼어 죽지 않기 위한 나름의 전략이다. 반면에 사회적 동물은 무리를 지어 바싹 붙어 서서 서로의 온기를 나눈다. 어쩌면 사람들이 무리 지어 같은 행동을 하려는 경향도 이 때문이 아닐까? 다른 사람과 함께 있을 때 드러나는 협력하고자하는 에너지가 우리에게 연결감, 기쁨, 감동을 주니 말이다.

당신은 어떤 종류의 모임에서 영감을 받는가? 정치적인 모임이나 신념을 드러내는 시위에서? 사교 파티, 밴디^{스칸디나비아} ^{반도와 발트해 연안 국가에서 하던 아이스하키와 비슷한 스포츠} 결승전, 농구 경기,

민속 무용, 연극, 콘서트에서? 아니면 마라톤이나 메이폴^{하지축} 제날에 꽃 등으로 장식한 5월제 기념 기둥을 둘러싸고 춤을 추는 것처럼 다른 사람들과 함께 즐기는 축제에서? 어디로 마음이 향하는지는 본인만 알 것이다. 마음이 동하는 모임을 찾아보자. 그리고 그 자리에 참석하면 감동이 유익하다는 사실을 깨닫게 될 것이다.

세상을 더 좋은 곳으로
만드는 모험가
=
블레이크 마이코스키

블레이크 마이코스키^{Blake Mycoskie}는 빈곤한 아이들을 위해
8,600만 켤레의 신발을 기부했다. 세계적인 구호 활동이지만
거의 눈에 띄지 않았다. 그가 지나치게 겸손하여 이를 과시하
지 않았기 때문이다. 그는 신발 회사 '탐스'의 창업가다. 아르
헨티나를 여행하던 그는 가난한 아이들이 신발도 없이 걸어
다녀서 발에 찰과상을 입고 감염에 시달리는 것을 보았다. 이
후 그는 혁명적인 비즈니스 모델인 '일대일^{One for One}' 기부 시
스템을 만들어냈다. 신발을 한 켤레 살 때마다 빈곤한 아이 한
명에게 신발을 기부하는 것이다. 이 아이디어는 해를 거듭하
면서 더욱 발전하여 다른 상품으로 이어졌다. 선글라스 판매

로 60만 명이 안과 진료를 받았고 커피 한 잔은 60만 주 동안 마실 수 있는 깨끗한 물이 되었다. 또한 가방을 사면 전 세계 가난한 나라의 임산부 8만 5,000명이 출산 보조금을 받을 수 있었다.

자연을 사랑하는 등산, 스키, 서핑, 골프, 테니스 전문가이 자 어엿한 기업가다. 아침 식사로 감동을 먹는다는 그는 원더 정키냐는 질문에 곧장 그렇다고 답했다.

> "산과 바다는 제게 감동을 안겨주는 주요 원천입니다. 자연은 정신을 고요하게 잠재우는 힘이 있고 저는 아름다움을 진정으로 가치 있게 평가합니다. 아름다움과 경이로움은 신이 우리와 소통하기 위해 자주 택하는 방법이라고 생각합니다."

물론 블레이크에게 감동을 주는 첫 번째는 탐스를 통한 구호 활동이었다.

> "저야말로 이러한 종류의 감동을 경험한 몇 안 되는 사람 중 하나죠. 사람들과 함께 저소득 국가를 방문하여 말 그대로 가난한 아이들의 발에 신발을 신기면서 감동을 받습니다. 한 번에 보통 20명 정도와 함께 가는데 연예인 같은 유명 인사는 물론 평범한

일반인도 함께 가곤 합니다. 많은 사람이 자신이 태어나서 자란 국가를 한 번도 떠나본 적이 없죠. 어쩌면 진짜 빈곤한 사람들을 본 적도 없을 겁니다. 이들과 함께 경험을 나누고 다른 사람과 함께하며 그 사람을 위해 무언가를 하면서 어마어마한 기쁨을 느끼는 것, 그런 구호 활동을 통해 집단적으로 경험하는 공동체 의식이야말로 제 인생에서 가장 큰 감동의 원천입니다."

블레이크는 전 세계 사람들이 동참하는 방식에도 감동을 받았다. 2000년대 말에 탐스의 멋진 공헌을 널리 퍼뜨리고 싶어 했던 한 무리의 대학생이 있었다. 이 학생들은 온종일 맨발로 걸었고 누군가가 그 이유를 물어보면 그때마다 탐스의 이야기를 들려주었다. 이 이야기는 전 세계로 퍼졌고 몇 년 뒤에는 수백만 명이 같은 날 단체로 맨발로 걸었다. 여기에는 한국인 교사와 월스트리트의 증권 중개인부터 토크 쇼 프로그램의 유명 인사도 동참했다. 배우 데미 무어는 제이 레노와 〈더 투나잇 쇼The Tonight Show〉에 맨발로 출연했다.

블레이크는 자신이 어쩌다가 이러한 사명에 '발탁'되었는지 알 수 없다고 했다. 전 세계의 수많은 기업가 중에 왜 하필 아르헨티나의 농장에 간 게 자신이었을까. 그는 자신이 이 아이디어를 실행한 것이 여전히 놀랍다고 한다.

"저에게는 제가 생각지도 못했던 능력이 있었습니다. 대중에게 호소하고 사람들을 조직할 수 있는 능력이었죠. 신발은 제가 디자인한 게 아닙니다. 아르헨티나의 농부들이 수년 동안 신던 거죠. 이 모든 게 제 머리로 쏟아져 들어왔습니다. 관련된 내용을 공부한 적도 없었고 신발업계에 몸담은 적도 없었어요. 심지어는 무역업에 종사하지도 않았죠. 말 그대로 업계의 판도를 바꾼 아이디어가 온전히 제 거라고 주장할 수는 없습니다. 그동안 수천 개의 기업이 창업했고 다들 일대일 모델에 공감하는 것도 아닙니다. 그렇지만 다들 각자의 방식으로 수많은 구호 활동을 펼쳐왔습니다. 정말이지 커다란 무언가로부터 시작된 거라고 말할 수밖에 없는 거짓말 같은 일이었죠. 이건 정말이지 감탄할 만한 가치가 있다고 생각합니다."

블레이크 마이코스키는 2013년 기업의 절반을 매각했다. 경영에서 물러나기 위해서가 아니라 도움이 필요한 사람들이 있었기 때문이다. 기업의 몸집은 생각지도 못할 정도로 커져 있었다. 투자금 3억 달러의 절반은 곧장 임직원에게 배분했고 나머지는 다른 기업가들을 돕기 위해 재단을 설립했다.

"감동을 경험하고 나면 부족함 같은 것은 생각나지 않습니다.
감동은 우리를 관대한 삶으로 이끕니다."

우리가 블레이크 마이코스키를 만난 그 주에 그는 기업 지분의 나머지 절반도 매각했다. 이제 완전히 새로운 장이 열릴 차례였다. 그의 이전 직함은 수석 신발 기부자Chief Shoe Giver였지만 이제는 전혀 새로운 영역에 들어섰다. 앞으로는 자칭 내면 모험 가이드Inner Adventure Guide로 활약할 계획이라고 했다.

몇 년 전에 가벼운 우울증을 겪으면서 내면을 보살필 필요를 느꼈다고 한다. 지금까지 산을 오르고 서핑하고 외딴곳에서 캠핑하고 기업을 세우는 등 외적인 모험을 수없이 했다면 이제 가장 큰 모험만 남았다고 했다. 앞으로 50~60년을 내면 탐색에 할애하는 모험 말이다.

8장

평생 호기심을 유지하는 법

감동과 호기심의 상관관계에 대하여

나이가 들어도
매일 아침 설렐 수 있다면

나이아가라 폭포까지 찾아갈 필요는 없다. 일상 속의 아주 평범한 것들에도 감동을 불러일으키는 요소는 충분하다. 해는 매일 진다. 흐린 날에도 바람은 여전히 나무를 흔들고 미술관이 문을 열고 당신을 기다리고 있을지 모른다. 평균적으로 우리는 일주일에 두세 번 감동을 경험한다. 감동을 얼마나 쉽게 느끼느냐는 사람마다 다르다. 어떤 사람에게는 감동이 끊임없는 즐거움의 원천이자 정교하게 설계된 삶에 대한 감사일수 있다. 또 어떤 사람들은 살면서 단 한 번도 경이로운 순간을 경험하지 못할 수도 있다.

다행히도 감동의 순간은 나이를 먹을수록 증가하는 경향이 있다. 나이가 들수록 더 자주 감동을 경험하는 것이다. 또한 감동의 순간들에 좀 더 수용적인 태도를 보이기 때문에 그 느낌을 경험할 확률도 높아진다. 살면서 여러 순간 감동의 효과를 경험한 만큼 앞으로도 좀 더 열린 자세로 살아야겠다고 마음먹게 되는 것이다.

이미 가본 길도 항상 새로울 수 있다

호기심은 감동과 밀접한 연관이 있다. 새롭게 매료된 어떤 개념에 대해 더 알고 싶어서 인터넷을 검색하거나 평소와는 다른 길로 산책하는 것도 새로운 것에 자신을 노출해서 감동을 경험할 기회를 만드는 일이다. 한 연구에 따르면 재미, 공감, 기쁨, 사랑, 만족감, 자랑스러움, 호기심 등 일곱 가지 긍정적인 감정 중 오로지 호기심만이 감동과 분명한 연결 고리가 있었다. 감동을 경험한 실험 참가자들은 자신이 호기심이 많다고 생각했고 실험 참가자들의 친구들 역시 이에 동의했다.

호기심은 감동으로 이끌기도 하고 감동이 더 많은 호기심을 불어넣기도 한다. 경험 그 자체를 통해 배울 게 훨씬 더 많다는 것을 알기 때문이다. 앞서 설명했듯, 기존 지식의 부족한 부분을 인지하게 되면 이를 채우고 싶어지고 가장 먼저 과학적인 설명을 찾게 된다.

운 좋게도 인간은 기본적으로 호기심을 가지고 태어난다. 특정 사람들에게만 주어지는 특질이 아니다. 우리 모두 호기심을 가지고 있다. 호기심은 인간의 발달을 주도할 뿐만 아니라 성장 과정에서 지식을 주입해준다. 어린아이들은 왕성한 지적 호기심을 가지고 있어서 왜 그런지를 반복해 묻는다. 성인이 되면 사람에 따라 호기심이 더 왕성해지기도 하고 반대로 감소하기도 한다. 어떤 사람들은 아예 흥미를 느끼지 못하기도 한다. 거의 모든 것을 보고 들었으며 앞으로 어떤 일이 벌어질지도 안다는 태도를 보인다. 이미 가봤고 해봤다는 것이다.

호기심은 훈련을 통해 자극할 수 있다

그러나 좋은 소식은 감동과 마찬가지로 훈련을 통해 호기심을 자극할 수 있다는 것이다. 스웨덴 신경과학자인 페테르 에릭슨Peter Eriksson은 1998년 세계 최초로 성인의 뇌도 신경세포를 새롭게 만들어낸다는 사실을 증명해냈다. 이전 연구들에서 뇌가 적응력과 가소성이 좋다는 사실은 이미 밝혀졌고 거기에 더해 신경세포도 새로 만들어진다는 사실이 드러났으니 새로운 것을 배울 때마다 새로운 신경 회로가 생성되는 셈이다. 늙어가면서 세상을 다 알아버렸다는 생각이 들더라도 호기심이 새로운 싹을 틔워줄 수 있다. 아이의 손을 잡고 아이의 눈으로 세상을 바라보는 것은 어떨까. 어른의 눈으로는 아주 당연한 일을 아이의 눈을 통해 보면서 깜짝 놀라보는 것이다.

또한 항상 하던 일을 새로운 방식으로 바꿔볼 수도 있다. 근육 운동을 하는 사람들은 매일 같은 훈련을 해서는 근육을 키울 수 없다는 사실을 알고 있다. 이미 할 수 있는 것 너머를 적극적으로 추구하면서 세상에 대한 태도와 세상을 바라보는 눈을 바꿔보는 것이다. 기본적인 태도를 바꿔서 모르는 게 있을 거라고 생각해보자. 이러한 태도를 통해 탐구하고 배우고 개인적으로 발전할 기회를 잡을 수 있다. 만물은 항상 여러 측면에서 바라볼 수 있다는 사실을 기억하자.

아직 세상에는 우리가 모르는 것이 많다

호기심을 유지하는 또 다른 방법에 마음챙김이 있다. 즉, 평가

하지 않고 주의를 기울이는 것이다. 지금 일어나는 일에 주의를 기울이면서 동시에 호기심을 가지고 개방적이고 수용적인 태도를 보이도록 훈련하는 것이다. 심리학자 토드 카시단Todd Kashdan에 따르면 주의를 기울이는 행동은 무엇보다도 집중력과 관련되어 있으며 태도는 기울이는 관심의 질을 결정한다. 이러한 방식으로 주의를 기울이면 생각, 감정, 태도, 지금 벌어지는 일에 탐구심과 호기심을 가질 수 있게 된다. 이 탐구심을 통해 현실의 다양한 측면을 파악하고 이에 수용적인 태도를 보일 수 있다.

마음챙김 이론에서는 '입문자의 마음가짐beginners' mind', 즉 주변에서 벌어지는 일들을 입문자가 처음 보이는 태도로 대해야 한다고 강조한다. 과거의 경험, 선입견, 편견, 생각, 해석 등은 현실을 있는 그대로 보는 것을 방해하는 경우가 많다. 마음챙김의 뿌리라 할 수 있는 불교에는 "생각이 너무 많기에 괴로운 것이다. 왜 생각을 놓아주지 않는가?"라는 경구가 있다. 불교 승려이자 강연자였던 비예른 나트히코 린데블라드 Björn Natthiko Lindeblad는 반농담으로 '나도 틀릴 수 있다'는 만트라를 거듭해서 외울 필요가 있다고 말했다. 그리고 틀에 잡힌 관점과 오래된 지식에서 자신을 놓아주는 것은 새로운 것을 배우려는 적극적인 태도를 보여주는 것이라고도 했다.

이는 분명 필요한 태도다. 배우자, 자녀 혹은 친구들을 마주할 때 상대방이 어떤 사람인지 이미 알고 있다는 태도를 얼마나 자주 취하는가? 우리는 그들의 아주 일부만을 볼 뿐이다. 다양한 측면에서 상대방을 전혀 모른다. 하지만 입문자의 마음가짐을 가지면 마주하고 있는 사람의 다양한 측면을 발견할 수 있다. 편견 없이 귀를 기울여 듣고 훨씬 더 또렷하게 볼 수 있다.

9장

같은 길을 걸어도
다른 세상을 보는 법

일상 속에서 할 수 있는 감동 훈련법

하루 한 번,
반드시 산책하기

인터뷰한 연구자들에게 감동을 더 잘 느낄 수 있도록 훈련하는 게 가능한지 묻자, 대부분 '당연히 가능하다'고 말했다. 우리도 감동하는 능력을 연습으로 키울 수 있다는 데 동의한다. 감동에 관심 있는 사람이 이 책을 읽고 있을 거라 생각한다. 여기까지 읽었으니 감동에 대한 지식이 더 쌓였을 것이고 감동이 무엇인지도 훨씬 명확하게 알게 되었을 것이다. 어디에서 감동을 경험할 수 있는지도 말이다.

지금부터는 살면서 더 많은 감동을 경험할 수 있는 확실한 방법을 몇 가지 소개하겠다. '밤하늘의 별을 보며 산책하기'를 제외하고 아래 소개한 방법은 모두 공공선과학센터에서 가져온 내용이다. 이 센터는 사랑이 넘치고 지속 가능한 사회를 만드는 방법에 대해 연구하고 있으며 연구를 통해 얻은 지식을 사람들에게 알리고 있다.

밖에 나가서 걷기

삶에 감동의 순간을 더 많이 끌어들일 방법 중 하나는 발걸음을 옮기는 것이다. 빠르게 달리라는 게 아니다. 태곳적부터 해 왔던 방식대로 하면 된다. 밖에 나가서 걷는 것이다. 서두르지 않고 산책하면서 얻을 수 있는 것이 많은데 그중 하나가 감동이다. '감동하며 걷기'는 이미 미국 의료계에서 처방의 하나로 사용하고 있다.

걷는 행위는 이동하는 것만을 의미하지 않는다. 걷기를 통해 마음과 정신이 이어지는 효과를 누릴 수 있다. 자신의 내면에서, 어쩌면 주변에서 벌어지는 일까지 파악할 수 있다. 또한 걷기는 단일 작업으로 뇌를 쉬게 할 수 있다. 1800년대의 철학자 헨리 데이비드 소로 Henry David Thoreau 는 느긋한 숲 산책의 장점으로 자기 자신을 따라잡을 수 있다는 점을 꼽았다. 소로는 200년도 더 전에 이러한 생각을 하고 실천했다. 게다가 몸은 숲에 있지만 정신이 도시에 머물러 있다면 아무런 소용이 없다고 했다. 소로는 "영혼을 동반하지 않고 몸뚱이만 가지고 저 멀리 숲에 간들 무슨 소용인가?"라고 물었다.

『걷기의 인문학Wanderlust』 저자인 리베카 솔닛Rebecca Solnit은 걷기가 예측 불가능하고 변덕스러운 것을 탐구하는 행위라고 말했다. 걷기는 이도 저도 아닌 중간 상태로 들어가는 행위다. 반쯤 사적이고 반쯤 그곳에 있으며 반쯤 활동적이고 반쯤 수동적인 상태이다. 이 상태에서는 아주 많은 사건이 벌어질 수 있다.

특정 목적에 집중하지 않고 걷는 행위는 세세한 부분에 눈 뜨게 해주고 다양한 관점을 갖도록 도와준다. 평소 같았으면 눈치채지 못했을 것을 안팎에서 살펴볼 기회다. 인지학자인 알렉산드라 호로비츠Alexandra Horowitz는 뉴욕에서 서로 다른 분야의 전문가 11명과 한 블록을 산책했다. 예술가, 지리학자, 사운드 디자이너, 어린이와 개 한 마리 등 다양한 사람들과 돌아가며 같은 거리를 걸었다. 그는 그들의 시선을 통해 도시의 전혀 새로운 면모를 발견했다.

야간 산책의 효능

더 깊이 이야기하기 전에 걷기에 대해 좀 더 설명하겠다. 이번에 소개할 개념은 문워크moonwalking다. 마이클 잭슨이 췄던 뒷걸음질 치는 춤이 아니라 야간 산책이라는 뜻이다. 영국에서는 조직적으로 야간 산책이 이루어지고 있으며 사람들의 관심도 높다. 밤에 숲길을 걸으면 어떤 일이 벌어질까? 우선 온전히 주의를 기울일 수 있다. 정신이 예리해지고 오롯이 현재만 존재하게 된다. 한 걸음 한 걸음 내디디며 삶을 찬찬히 나아가는 일이 그 어느 때보다 중요해진다. 그 결과 편도체 활동이 줄어들면서 기분을 좋게 만드는 호르몬인 옥시토신이 더 많이 분비되고 이에 따라 스트레스 반응이 감소한다.

야간 산책은 삶에 호기심과 마음챙김을 끌어들이는 효과가 있다. 일상 속의 작은 마법 같은 경험, 다시 말해 감동에 자신을 열어놓는 것이다. 한 블록을 조용히 걷든, 산등성이를 등반하든, 산티아고로 순례를 떠나든, 밖으로 나가 걸어보자. 목적도 정한 시간도 없이 그저 걷자.

⟶ 감동 산책하기 ⟵

예상 소요 시간: 최소 15분

휴대폰 전원을 끄는 것부터 시작하자. 휴대폰이나 전자기기는 주의를 흩뜨리고 주변에서 일어나는 일에 집중하지 못하게 만든다. 산책하면서 새로운 눈으로 모든 것을 주의 깊게 바라보기 바란다. 마치 모든 것을 처음 보는 듯한 태도로 바라보자. 그런 다음 아래 소개된 단계를 따라 해보자.

① 심호흡하라. 들숨에 6초, 날숨에 6초를 센다. 비강을 통해 공기가 흐르는 것을 느끼고 숨소리에 귀를 기울이자. 산책하면서 심호흡을 여러 번 하자. 심호흡하면 현재로 돌아올 수 있다.

② 걷기 시작하면 발에 닿는 땅을 느껴라. 주변을 인지하고 들려오는 소리에 귀를 기울여라.

③ 주변으로 의식을 옮겨라. 그리고 거대하고 포괄적이며 예기치 못한 것을 향해 마음의 문을 열어라. 당신을 깜짝 놀라게 만들거나 열광하게 만드는 것들을 향해서.

④ 다시 한번 심호흡하라. 들숨에 6초, 날숨에 6초를 센다.

⑤ 어떤 것에 마음이 끌리고 탐구심이 동하는가? 어디에서 감동이 느껴지는가? 풍경인가? 아니면 빛과 그림자가 만드는 작은 패턴인가? 큰 것과 작은 것들을 번갈아 바라보자.

⑥ 산책을 계속하며 숨을 쉬는 중간중간 주의를 환기하자. 의식을 스쳐 가는 수많은 이미지, 소리, 냄새, 다른 감각에 주의를 기울이자. 평범한 것들은 눈에 띌 새도 없이 지나가기 십상이다.

이런 방식으로 산책하는 데 익숙해지면 감동을 경험할 기회가 무한하다는 사실에 깜짝 놀라게 될 것이다.

〈감동 산책을 하기에 좋은 곳〉

자연
- 경치를 한눈에 내려다볼 수 있는 산
- 높은 나무에 둘러싸인 길
- 바다, 호수, 강 혹은 폭포 근처에 난 길
- 별이 가득한 밤하늘
- 일출 혹은 일몰을 볼 수 있는 곳

도시
- 고층 건물이나 마천루 꼭대기. 혹은 높은 건물이 많은 구역에서 위를 올려다보기
- 역사적 기념물
- 전에 방문하거나 본 적이 없는 도시 내 지역
- 커다란 공연장 혹은 경기장
- 갤러리 등을 찾아가는 예술 산책
- 식물원이나 동물원에서 전에는 본 적 없는 식물이나 동물 보기
- 목적 없이 산책하기. 어디에서 무엇을 경험하게 되는지 살펴보기

실내
- 식물원이나 수족관
- 역사적 건축물, 성당 혹은 오페라 하우스
- 미술관이나 박물관 내에서 모든 전시물에 온전히 주의를 기울이며 천천히 걷기

⊁ 아름다운 것 촬영하기 ⊱

예상 소요 시간: 2주 동안 하루에 5~15분씩

이 연습을 하려고 일부러 어딘가로 떠날 계획을 세울 필요는 없다. 주변에 있는 것들에 주의를 기울이기만 하면 된다. 일상 속에서 볼 수 있는 자연으로 눈을 돌리자. 창문으로 보이는 풍경, 길을 따라가면 나오는 공원, 정원 혹은 집에 꽂아둔 꽃도 충분하다.

방법

① 평소에 주변을 둘러싸고 있는 자연을 관찰하자. 나무, 구름, 이파리, 달, 시내, 동물 등. 이런 것을 보면서 어떤 기분과 생각이 드는지 살펴라. 주변의 자연을 체험할 때는 자신만을 위한 시간을 내라.

② 감동을 주거나 마음을 한껏 끌어올리는 등 강렬한 감정을 불러일으키는 것을 마주했다면 사진을 찍자. 그리고 나중에 시간이 날 때 어떤 기분을 느꼈는지 기록하자. 키워드만 적어도 좋고 문장으로 써도 좋다. 그저 자연스럽게 떠오른 감정을 기록해두자.

③ 사진은 많이 찍어도 괜찮다. 2주 동안 최소 10장은 찍도록 노력하자. 매일 자연이 불러일으키는 감정을 인지하자.

④ 잊지 말자. 중요한 것은 사진을 찍는 대상과의 관계에서 오는 자신만의 경험이다. 어떤 느낌을 받았는가? 이상하게 찍지는 않았을지, 창의성이 없지는 않을지 걱정할 필요가 없다. 이 연습은 그런 것들과는 전혀 다른 것이다.

하루 한 번,
하늘을 올려다보기

별이 빛나는 밤하늘을 올려다보는 것처럼 강렬한 경험이 또 있을까? 해변, 잔디밭, 언덕에 길게 누워 헤아릴 수도, 이해할 수도 없는 하늘에 단 한 번도 감동하지 않은 사람이 있을까? 지구 위 작은 존재에 지나지 않는 자신의 모습을 깨달으면서 말이다. 별을 올려다보는 것은 바로 감동을 경험하는 행동이다.

울루루라는 곳이 있다. 오스트레일리아 한가운데에 있는데 별을 볼 수 있는 최고의 장소로 손꼽힌다. 조건도 완벽하다. 습도가 낮고 빛 공해도 없으며 거의 항상 하늘이 맑다. 별이 또렷하게 보인다는 뜻이다. 이곳을 찾아오는 대부분의 사람이 밤하늘의 절경에 넋을 놓는다.

별을 보는 게 목적인 관광 상품은 생각보다 많다. 구글에 'stargazing별 보기'이라고 검색하면 전 세계에서 별을 볼 수 있는 무수히 많은 시간대와 장소가 뜬다. 저녁에 외출하거나 투어에 참가해 영감을 받아보자. 한 연구팀은 별이 빛나는 밤하늘이 인간에게 어떤 영향을 미치는지를 조사했다. 실험 참가자들은 별이 뜬 밤하늘을 촬영한 이후 스트레스가 줄어들고 기분이 더 나아졌으며 강렬한 감동을 받았다고 말했다. 또한 이 연구는 자연 체험이 긍정적인 사회심리학적 효과를 형성한다는 사실도 확인했다. 그중에서도 별을 보는 행동이 긍정적인 사회심리학적 효과를 만들어낼 가능성이 가장 큰 것으로 나타났다. 반짝이는 별과 흐릿한 성운에 푹 빠져들자. 이 경험은 분명 당신에게 유익할 것이다.

✈ 밤하늘의 별을 보며 산책하기 ✦

① 신발과 양말을 벗고 발에 닿는 흙의 촉감을 느껴라.
② 위를 올려다보라.
③ 모든 별을 훑어라. 가능한 한 오래 밤하늘을 멀리까지 살펴보자.
④ 무한함을 받아들여라.
⑤ 호흡에 집중해라. 생각을 의식하고 피부에 와 닿는 밤공기를 느껴라. 모든 게 차분해지도록 두자.
⑥ 별이 반짝이는 것을 봐라. 반짝일 때마다 지금 당신에게 그 빛이 닿기까지 수백만 광년을 날아왔다는 사실을 생각해라.
⑦ 호흡하라.

하루 한 번,
감동을 찾아 읽기

'우와, 어떻게 이런 게 가능하지?'라는 생각이 드는 것들을 탐
구하며 감동을 경험해보자. 세상에 대해, 새로운 기술에 대해,
미래에 대해 배울 수 있는 것을 읽거나 보자. 혹은 철학이나
심리학에 대한 지식의 깊이를 더할 수 있는 것도 좋다. 전혀
알지 못하는 것에 마음을 열면 영감을 얻을 수 있을 뿐만 아니
라 감동까지 느낄 수 있다. 그러니 새로운 것을 추구하고 배우
자. 의식적으로 정신을 확장할 수 있는 것들을 찾아 나서자.

테드 강연은 지식을 확장할 수 있는 보고다. 캐나다에서
는 매년 '널리 전파할 가치가 있는 아이디어'를 주제로 학제
간 콘퍼런스가 열린다. 저명하고 권위 있는 강연자들의 강연

을 촬영하여 온라인에 게재한다. 내셔널지오그래픽 채널에서 방영하는 〈브레인 게임Brain Games〉을 보는 것도 좋다. 아니면 유튜브에서 감동을 불러일으킬 만한 동영상을 찾아보는 것도 방법이다. 제이슨 실바의 〈경외감의 순간들〉이라는 유튜브 채널이나 사람들을 우주의 세계로 데려갈 칼 세이건의 〈창백한 푸른 점Pale Blue Dot〉, 임스 부부Charles&Ray Eames의 〈10의 제곱수The Power of Ten〉 같은 동영상을 보는 것도 추천한다. 인터넷에서 기사를 읽을 수도 있다. 〈사이드트랙 매거진Sidetracked Magazine〉은 전 세계의 어드벤처 여행을 소개한다. 마리아 포포바Maria Popova가 문학을 통해 인생의 의미를 분석하는 뉴스레터 〈브레인피킹스Brainpickings〉를 구독하는 것은 어떨까. 지금까지 소개한 것은 아주 일부일 뿐이다.

　감동을 불러일으키는 것을 찾아보거나 읽을 때라는 것을 상기할 수 있도록 하루에 두 번 알람을 설정하는 것도 좋은 방법이다. 직장에서, 쉬는 시간에, 버스를 타고 집에 돌아가는 길에 활력을 채우기에 딱 좋다.

❯ 감동적인 것 읽기 ❮

예상 소요 시간: 최소 10분

감정을 고조시켜줄 수 있는 것을 읽는 데 최소 10분을 할애하라. 일주일에 적어도 한 번은 읽는 시간을 내 정기적으로 감동을 주입하자.

방법

감동을 경험하게 만드는 것을 고르자. 새로운 지식을 습득하든, 자연을 묘사하든, 영웅담이든, 역사든, 소설이든, 시든 상관없다. 사람을 매료시키는 이야기에는 대개 다음과 같은 두 가지 요소가 들어 있다.

① 세계 속에서 자신이 작은 존재라는 것을 깨닫게 한다. 물리적(높은 산 정상에서 바라보는 풍경 등)일 수도 있고 심리적(영웅 혹은 용기 있는 자의 이야기 등)일 수도 있다.
② 독자의 세계관을 바꿀 힘이 있다. 이를테면 일상 속의 걱정거리가 덜 중요하게 느껴지거나 인류의 잠재력에 대한 상상력이 확장된다. 추천 도서를 두 가지만 꼽자면 스티븐 호킹의 『시간의 역사』와 유발 하라리의 『사피엔스』가 있다. 공공선과학센터 홈페이지에서 에펠탑 이야기를 살펴볼 수도 있다. 에펠탑은 감동 분야 연구에서 자주 활용하는 소재다. 아니면 전혀 다른 읽을거리를 골라도 된다. 중요한 것은 읽기를 통해 사고를 확장하고 더 많은 지식과 깊은 이해를 얻는 것이다.

⤙ 감동적인 것 보기 ⤚

예상 소요 시간: 4분짜리 짧은 영상부터 장편 영화까지

방법

감동을 불러일으키기에 좋은 내용의 영상을 고르고 시청하기에 좋은 시간과 공간을 선택한다. 온전히 주의를 기울여 시청한다. 보통 자연을 담은 영상이 감동을 불러일으키는 경우가 많다. 유튜브에서 고래를 검색해보라. 얀 아르튀스 베르트랑의 장편 영화 〈집〉이나 루이 슈워츠버그의 영화 〈보이지 않는 자연의 신비〉를 추천한다. 아니면 작가 미하엘 엔데의 『끝없는 이야기』를 원작으로 한 영화도 좋다.

하루 한 번,
감동을 기록하기

사고를 확장하고 가슴을 팽창시키는 것에 귀를 기울여라. 마음 속 깊이 감동을 주는 가장 좋아하는 음악을 들어라. 이미 알고 있는 것을 택하면 당신의 문이 열릴 것이다. 그게 클래식 음악인지, 오페라인지, 샹송인지, 결혼식장에서 들었던 음악인지는 오로지 당신만이 안다.

그래도 조언이 필요하다면 학계에서 감동을 불러일으키는 데 사용하는 음악을 들어보는 것을 추천한다. 아이슬란드 밴드 시규어 로스Sigur Rós의 〈호피폴라Hoppípolla〉, 캐논볼 어들리 퀸텟Cannonball Adderley Quintet의 〈워크 송Work Song〉, 존 콜트레인John Coltrane의 〈블루 트레인Blue train〉, 새뮤얼 바버Samuel Barber의

〈현을 위한 아다지오 Adagio for Strings〉 등이 있다.

얼음의 노래

감동을 경험할 수 있는 팁이 하나 더 있다. 얼음이 노래하는 것에 귀 기울이는 것이다! 얼음에 일정 이상의 압력을 가하면 빙판이 연안으로 치솟거나 호수 한가운데에서 깨지는데 이때 위쪽이나 아래쪽으로 길고 깊은 균열이 생긴다. 팽팽한 빙판이 얼음 조각과 균열을 만들 때 얼음이 노래하는 소리 혹은 우는 소리를 들을 수 있다. 블로거, 촬영감독, 스토리텔러인 욘나 인톤 Jonna Jinton은 고향인 예테보리를 떠나 스웨덴 북부의 작은 마을 그룬드셰른으로 이주했다. 그는 11월 밤에 세번 호숫가에서 얼음 소리를 녹음했다. 그런 뒤 그 소리를 편집해 1시간짜리 뮤직비디오 〈얼음의 노래 Song of the Ice〉를 제작했다. 욘나는 얼음이 부르는 노래에 반했다. 얼음의 노랫소리에 놀랍게도 평온해졌고 다른 사람들도 비슷한 느낌을 받는다는 사실을 알게 됐다. 욘나의 유튜브를 구독하는 160만 명이 무척이나 특별한 이 음악을 감상했다. 직접 한번 들어보는 것은 어떤가?

서커스, 무용, 콘서트, 연극, 미술관을 감상하러 가거나 혹은 퍼포먼스에 참여해보자. 멋진 공연을 보러 가는 것도 좋다. 어떤 공연이든 일단 보러 가면 그곳에서 다른 사람들과 같은 것을 경험할 수 있다. 같이 웃고 울 수 있다. 공연은 심금을 울릴 수도 있고 많은 생각을 일깨울 수도 있다. 오랫동안 간직할 수 있는 경험이다. 어쩌면 평생 지속될 수도 있다. 당신의 관점이 확장되고 일상에서 벗어나 더 큰 것을 마주할 기회를 얻을 수 있다. 어쩌면 이해할 수 없는 것, 혹은 그동안 보거나 경험한 적이 없는 것을 만날지도 모른다.

✈ 감동 기록하기 ✦

예상 소요 시간: 15분

방법

살면서 감동을 경험한 순간을 돌이켜보자. 언제 강렬한 경험을 하고 감동했는가? 감동은 언제 어디에서나 할 수 있다. 그리고 그 순간을 경험하는 사람만이 무엇이 감동을 불러일으켰는지 알고 있다. 많은 사람은 아름다운 풍경, 조건 없는 사랑, 용감하고 윤리적으로 올바른 사건을 봤을 때 감동했다고 말한다. 어떤 사람들은 바라보고 있는 대상 혹은 듣고 있는 음악의 아름다움을 통해 감동을 경험했다고 한다. 최근에 감동을 준 대상을 다시 찾는 것도 한 방법이다. 감동을 경험했다면 어디에든 기록해두자. 되도록 세세하고 면밀하게 적어두자.

10장

미래 기술과 감동의 결합

더 나은 세상을 위한 감동 활용법

VR 기술을 활용한 감동 체험

미래에는 감동의 효과를 어떻게 활용하고 있을까? 예를 들어, 조망 효과를 의식적으로 활용할 수 있게 된다면 어떨까? 감동을 통해 평소라면 하지 못했을 일, 이를테면 다른 사람들과 환경에 좀 더 관심을 두도록 하는 힘을 얻게 하는 것이다. 아니면 중독을 치료하거나 질병을 퇴치하거나 스트레스를 줄일 수도 있다.

연구자들은 감동이 가진 잠재력을 생각하면서 새로운 활용 영역과 적용 가능성을 탐구하고 있다. 현재 조망 효과, 초현대적인 VR 기술 등을 연결하여 감동의 효과를 더욱 발전시킬 작업 등이 진행 중이다.

연구실 환경을 하나 상상해보자. 사면이 하얀 벽으로 둘러싸여 있고 이곳은 일몰이나 숲 산책과는 동떨어진 곳이다. 사람들은 이곳에서 뭔가를 최대한 많이 배우고 탐구하며 연구하고 있다. 하지만 이곳 사람들에게 동영상과 TV 프로그램을 보여주면 바로 여기에 빠져들고 감동을 경험할 수 있다. BBC의 〈살아 있는 지구〉는 감동을 불러일으키는 가장 인기 있는 영상이다.

현재 VR 기술이 빠른 속도로 발전하고 있다. 어쩌면 VR이 동영상을 시청하는 전통적인 방식을 완전히 대체할지도 모른다. 감동을 불러일으키는 훨씬 효과적인 방법으로 자리 잡을 수도 있다. 가상 세계에서 보고 듣고 움직이며 그 세계에 온전히 존재한다고 느끼는 것이다. 기술이 정교할수록 효과는 더욱 강력해질 것이다. VR 기술을 통해 예술, 매체, 강연, 여가시간이 지금과는 전혀 다른 형태로 바뀔 수도 있다.

앞에서 VR을 이용한 연구에 대해 이야기했지만 VR 기술 자체에 대한 연구는 아직 이뤄진 적이 없다. 그래서 한 이탈리아 연구팀은 VR이 감동의 상승 작용을 일으키는지를 살펴보았다. 실험 참가자들에게 감동을 불러일으킬 수 있는 가상 환경 세 가지를 만들고 네 번째는 통제 환경으로 중립적인 경험을 할 수 있도록 구성했다. 실험 결과는 감동을 불러일으키도록 설계된 가상 환경에서 효과가 나타났다. 긍정적인 효과가 뚜렷하게 관찰되었다.

감동을 즐기는 저렴하고 효과적인 방법

뇌 과학자 카타리나 고스픽은 스웨덴의 한 VR 및 AR 업체에서 뇌 과학 책임자로 근무하고 있다. VR 안경을 통해 현실과 같은 경험을 할 수 있는데, 예를 들면 자그마한 사각형 상자를 쓰기만 하면 순식간에 숲 한가운데, 콘서트 맨 앞줄, 예술품 한가운데, 스톡홀름의 지하철 터널, 강연장 등으로 이동할 수 있다. 카타리나 고스픽은 VR을 활용하면 연구자들이 일반적인 경로로 찾을 수 있는 정보 이상을 알아낼 수 있다고 한다. 이를테면 뇌의 반응, 손에 땀이 나는 등의 신체적 반응, 눈 움직임 등을 측정하여 VR로 만들어진 환경 속에서 VR 안경 착용자의 실제 행동을 관찰할 수 있다는 것이다. 이렇게 얻은 정보를 바탕으로 더 나은 방식으로 만들고 교육하며 계획을 세울 수 있다. 가상으로 만든 현실도 휴식과 명상, 회복을 도와

줄 수 있다. 연구 결과, 가상의 숲을 산책하면 스트레스 호르몬이 줄어들 뿐만 아니라 혈당이 낮아지고 더 나아가 감동의 여러 긍정적인 효과도 활성화되었다.

캐나다의 한 연구팀은 VR로 감동을 불러일으킬 수 있는지를 연구했다. 그 결과 VR을 통한 감동 체험이 소득, 이동성, 지식 등의 제한을 받는 사람들에게 아주 저렴하고 효과적인 방법이 될 수 있었다. 왜냐하면 모든 사람이 피라미드를 보러 가거나 에베레스트산을 등정하여 감동을 경험할 수는 없지만 VR을 활용한 감동 체험은 가능하기 때문이다. 사무실 의자에 앉아서도 강렬한 우주 체험은 물론 지구돋이도 볼 수 있다.

조망 효과도 VR로 재현될 수 있을까?

조망 효과를 재현하려는 실험도 진행 중이다. 연구를 이끌고 있는 심리학자 스티븐 프래처Steven Pratscher는 세계의 양극화를 우려하면서 사람들 사이의 간극을 좁힐 해결책을 찾기 위해 노력하고 있다. 최근에 높은 곳으로 가지 않고도 조망 효과와 같은 효과를 낼 수 있는지를 연구하고 있다.

연구 방식은 이렇다. 조망 효과를 느낄 수 있는 환경을 재현하기 위해 수백 명이 VR기기를 착용하고 기기 안에 몸을 맡긴다. 이후 실험에서 실험 참가자들은 우주와 같은 고요한 무중력 상태에서 360도 VR 동영상을 시청한다. 이후 실험이 끝나면 말로 형언할 수 없는 경험을 했는지, 다른 사람들과 연결되어 있다는 기분을 느꼈는지, 혹은 일반적으로 심리학자들이 말하는 감정적 전진emotional breakthrough을 경험했는지 질문하고 추적 관찰을 통해 계속 살펴본다. 이 실험이 마무리되면 우주에서 지구를 내려다보고 있다는 가상의 경험이 사람들에게 어떤 영향을 주었는지 확인할 수 있을 것이다. 실험 참가자들의 가치관과 태도, 특히 환경과 주변에 대한 가치관과 태도에 영향을 미쳤을까? 이후 긍정적인 영향을 미쳤다고 밝혀진다면 지구를 구하고 환경을 보호하며 서로 조화롭게 살도록 하는 데 VR을 통한 감동 체험을 활용할지도 모른다.

감동 워라밸을 위한
업무 환경의 변화

감동은 일터에서도 중요한 역할을 할 수 있다. 아직은 직장과 감동을 연결한 연구가 없지만 기존 연구 결과를 직장에도 적용할 수 있다. 그럼 감동 경험을 일과 관련한 문제 중 어디에 적용할 수 있을까? 바로 증가하는 스트레스와 시간 부족 문제를 해소하는 데 사용할 수 있다. 목표치는 상향 조정되는데 예산과 자원이 한정될 때 시간은 우리의 아킬레스건이 된다. 그러나 감동이 시간 개념을 바꿀 수 있다는 사실에 근거하여 일하는 환경을 차분하게 가라앉힐 수 있도록 조성할 수는 있다. 시간이 넉넉하다는 단순한 느낌만으로도 한 박자 늦출 수 있다. 스트레스 받는다는 느낌을 지우면 회복할 기회도 얻을 수 있다. 이는 좀 더 명료하게 문제를 파악하고 현명한 결론을 도출하는 데 도움이 될 것이다.

오늘날 사람들은 급변하는 사회에서 치열하게 경쟁하며 살아가고 있다. 직장에서는 더욱 강력한 팀을 구축하고 해결책을 내기 위해 온 힘을 쏟아야 하며 다른 사람들과 함께 일을 하는 협동 능력도 키워야 한다. 또한 불안정한 상황에 대처하고 선입견을 지우려 노력해야 하며 새로운 정보도 습득해야 한다. 조금 더 비판적으로 검토하고 창의력을 끌어내야 한다. 감동이 이 모든 부분에서 도움이 될 수 있다.

지구를 넘어 우주를 바라보는 기업가

앞서 말했지만 '사람'은 감동의 가장 강력한 원천이다. 누군가의 영웅담이나 일터에서 탁월하게 대처하는 동료에게 자신도 모르게 눈길이 가며 이로써 리더의 역할이 얼마나 중요한지도 가늠하게 된다. 우리는 성품이 훌륭할 뿐만 아니라 사람들에게 강력한 동기를 심어주며 역경에 맞서 불가능해 보이는 것을 성취해낸 기업가를 선망한다. 일론 머스크Elon Musk나 제프 베이조스Jeff Bezos 등 대기업 창업가들을 보라.

이들이 대표적인 예다.

이들은 테슬라와 아마존이라는 기업을 성공적으로 일궈낸 인물들이다. 그러나 나쁜 리더십과 터무니없는 수단과 방법을 사용하여 악평을 얻기도 했고 그 결과 도덕적인 부분에서는 사람들에게 감동을 많이 주지 못했다. 머스크와 베이조스의 영광은 퇴색했을지 모르지만 테슬라와 아마존 그리고 무엇보다도 이들의 우주 탐사에 많은 사람들이 여전히 매료되어 있다. 화성을 식민지화하겠다는 계획에서 출발한 일론 머스크의 스페이스엑스Space X 탐사에 사람들은 숨을 집어삼키며 전율을 느낀다. 마찬가지로 베이조스는 우주여행 기업 블루 오리진Blue Origin을 설립하여 사람들에게 대기권 밖에서 우주의 무중력을 느끼게 해주겠다고 선언했다. 베이조스는 가까운 미래에 인류가 우주에 살면서 일하도록 만드는 게 목표라고 밝혔다.

업무 능력 향상을 위한 감동 인테리어

높은 천장, 수직적 입체감, 개방된 공간으로 업무 환경을 조성하는 기업들이 있다. 이들은 넓고 큰 느낌을 주는 다양한 요소들이 자신에 대한 관점을 재조정해준다는 사실을 치밀한 연구를 통해 알아냈거나 아니면 직관적으로 이해하고 있다고 볼 수 있다. 대커 켈트너 부교수는 미학적 원리에 기초하여 인테리어를 하면 사람들의 호기심을 더욱 자극하고 과학적 추론 능력을 끌어올릴 수 있다고 했다.

페이스북은 사람들의 개방성과 관대함을 증진하기 위해 축구장 6개를 합친 것만큼 큰 규모의 정원을 먼로파크 안에 조성했다. 유칼립투스 나무 연구의 결과를 따른 것이다. 새롭게 조성한 정원에는 2킬로미터에 달하는 산책길도 있다.

구글도 직원들의 웰빙 증진을 위해 환경에 투자하고 있다. 구글은 텔아비브에 있는 사무실 부지에 오렌지 동산을 조성했다. 소프트웨어 기업인 젠디스크에는 2층 높이에 달하는 이끼로 된 벽이 있으며 오하이오주 이스트아콘에 있는 굿이어 본사에는 수직 정원이 있다. 의류업체인 파타고니아는 리셉션에 서핑 보드를 줄지어 세워두었다. 직원들이 한두 번쯤 서핑을 가도록 장려하기 위해서다.

인류의 생존을 위한 공생의 기술

앞으로 밝혀질 감동에 대한 이야기는 대부분 굉장하고 극적이며 흥미진진할 것이다. 향후 10년 동안 감동 관련 연구 분야에서도 많은 일이 벌어질 것이다. 우리는 이제 겨우 문 앞에 서 있을 뿐이다. 사람들은 대부분 새롭고 알려지지 않은 것들을 두려워한다. 그러나 철학자 제이슨 실바는 감동을 염두에 두고 기술의 가능성에 열광하는 사람 중 한 명이다. 그는 생물 공학, 나노 공학, 인공 지능의 미래가 그 어느 때보다도 밝다고 했다.

　"두려워하지 말고 가능성에서 아름다움을 찾으려고 노력하세요.

모든 걸 한데 붙들어줄 접착제, 인류의 진정한 정수를 통한 공생의 기술, 그게 바로 감동입니다."

제이슨 실바는 약 50만 명을 사로잡은 유튜브 채널 〈경외감의 순간들〉을 통해 미래를 구체화하기 위해 애쓰고 있다. 기술의 잠재력을 긍정적인 방향으로 이끄는 것은 우리 손에 달려 있다는 사실을 일깨우고자 하는 것이다. 그는 머지않은 미래에 기술의 힘을 빌려 황홀한 상황을 일상적으로 연출하는 게 가능해질 것이라고 확신한다.

제이슨 실바는 기술이 없었다면 인류는 지금과 사뭇 달랐을 거라고 했다. 불이 없었다면 어땠을까? 일을 간단하게 끝내도록 도와주는 도구가 없었다면? 색칠할 물감이 없었다면? 연주할 수 있는 악기가 없었다면? 스마트폰은 또 어떤가? 실바는 조만간 이 모든 게 우리 내면과 우리 자신을 통해 하나로 통합될 거라고 보고 있다. 더 나아가 가상 기술과 생명 공학이 융합된 존재가 되기를 고대한다고도 했다. 그러나 생존을 위해서는 감동이 꼭 필요하다고도 강조한다.

"감동이 없으면 신비로움도, 기쁨도, 전율도 없을 겁니다. 감동은 우리가 어떤 존재인지를 상기시켜주죠."

아름다운 경험이
우리를 더 강하게 만든다

작아지는 것은 거대해지는 것입니다. 감동의 '자아 축소 효과'는 우리가 어떤 존재인지를 깨닫게 해주며 서로가 서로에게 속해 있다는 것을 일깨워줍니다. 어쩌면 기후 위기와 정신 건강의 악화에 맞서 공동의 이익을 추구하도록 독려하는 지름길인지도 모르죠. 세계 평화로 이어질 수 있는 열쇠인 셈입니다. 집에서 식탁에 둘러앉아서, 직장 동료들과 긴밀하게 대화를 나누면서, 이웃을 도와주면서 그 싹을 틔울 수 있을 겁니다. 수면에 이는 물결처럼요.

더 깊이 생각해야 할 부분도 있습니다. 감동은 공동체를 형성합니다. 사람들은 환상적인 순간을 다른 사람과 공유하고 싶어 하죠. 어쩌면 긍정적인 경험을 공유하는 게 사람들을 하나로 묶어주는 역할을 하는지도 모르겠습니다. 한 무리의 사람들과 강가에 앉아 해가 저무는 것을 바라보고 있다고 가정해봅시다. 하늘은 분홍빛으로 물들고 구름도 아름다운 적자색을 띠고 있습니다. 당신은 몸을 돌려 사람들을 향해 이렇게 말합니다. "우와! 저거 보여요?" 해질녘 사진을 SNS에 공유하면 멀리, 널리, 곳곳으로 퍼져나갑니다. 아름답고 인간적인 행동이죠. 곧장 옆에 있는 사람에게 몸을 돌려 품고 있는 감정을 공유하며 극대화하는 거죠.

제이슨 실바는 세상을 지금보다 더 나은 곳으로 만들기 위해 인류가 다른 사람에게 관심을 기울여야 한다고 말합니다.

> "억만장자의 의미를 새로 정의한다면 어떻게 표현할 수 있을까요? 억만장자가 수억 명의 사람들에게 긍정적인 영향을 미칠 수 있다면 어떨까요?"

이 책의 집필이 거의 끝나갈 무렵, 한 친구가 올린 페이스북 포스팅을 읽었습니다. 일을 마치고 귀가하던 길에 있었던 일을 쓴 거였죠.

"오늘 스코네^{스웨덴 남부 지역} 택시 기사는 고속도로가 아니라 비포장도로로 운전했다. 비포장도로도 고속도로만큼 빨리 갈 수 있었다. 그리고 나는 이 길이 마음에 들었다. 사실 처음에는 짜증이 났다. 고속도로가 당연히 더 빠르다고 생각했으니까. 택시 기사는 비포장도로를 달리면서 어느 평야가 여름이 되면 유채꽃으로 노랗게 물드는지를 이야기했다. 그리고 전에는 룰레오^{스웨덴 북부 도시}에 살았는데 너무 추운 데다가 모니터만 보기보다 풍경을 보는 게 더 나을 것 같아서 IT업계 대신 택시를 몰기로 했다는 얘기를 들려줬다. 정말이지 끝내주는 여정이었다. 그가 존경스러웠다. 효율성만 추구하던 생각에서 벗어날 수 있었던, 꽤 귀중하고 약간은 따끔한 순간이었다. 그러고도 집에 오는 비행기 표를 한 시간이나 앞당길 수 있었다."

이 포스팅을 읽고 기쁜 마음이 들었습니다. 이런 식으로 일상 속에서 마주한 감동을 확산할 수 있다고 생각했기 때문입니다. 그리고 이제 독자 여러분이 있습니다. 여기까지 읽어주셔서 감사합니다. 감동이라는 환상적인 선물의 존재를 좀 더 의식하게 되었기를 바랍니다. 순간의 감동을 통해 긴 웰빙을 성취할 수 있습니다. 감동은 겉보기에는 신비로움으로 이어지는 연결 고리이기도 합니다. 꽤 힘들었을 하루에 색을 덧입

히는 물감이자 아침마다 침대에서 몸을 일으키게 만드는 동력이기도 합니다. 감동은 인생을 살아갈 수 있게 만들며 '와' 하고 내뱉는 숨에 긴장을 풀 수 있도록 만들어줄 겁니다!

감사의 말

감사의 말을 쓰면서 엄청나게 큰 열린 마음과 관대함을 마주할 수 있어서 '감사하다'는 생각이 가장 먼저 들었습니다. 우리의 메일에 '물론 저도 감동에 관심이 있어요. 이번 주 안에 만날 수 있을까요?'라고 회신해준 세실리아 비크룬드^{Cecilia Viklund} 편집자부터 감동 분야에서 두각을 드러내고 있는 연구자들의 환대까지 그 모든 것에 감사합니다. 세실리아 편집자를 필두로 에바 페르손^{Eva Persson}, 소피아 헤울린^{Sofia Herurlin}, 페르 릴리야^{Per Lilja}, 벵트 오케르손^{Bengt Åkersson}, 막달레나 회글룬드^{Magdalena Höglund}에 이르기까지 본니에르 비문학^{Bonnier Fakta} 관계자 여러분의 노고에 크게 감사드립니다. 그리고 이 책의 매혹적인 일러스트를 담당한 리 쇠데르베리^{Li Söderberg}에게도 박수를 보냅니다.

우리를 멕시코 바하의 현대노인아카데미^{Modern Elder Academy}에 초청하는 등 감동 여정을 이끌어준 대커 켈트너 교수님께도 특히 감사드립니다. 책을 집필하는 동안 감동과 관련한 방대한 지식과 연구 자료를 지속적으로 공유해주었을 뿐만 아니라 누구든 친구로 삼고 싶게 만드는 따뜻함, 현명함, 호기심, 관용을 누릴 수 있게 도와주었습니다. 이미 만석이었던 강연 〈경외감, 놀라움 그리고 호기심〉에 자리를 마련해준 현명한 기업가이자 지식 전파자인 칩 콘리^{Chip Conley}에게도 감사드립니다.

유의미한 자료를 제공해준 미셸 라니 시오타, 미힐 판 엘크, 멜라니 루드, 제니퍼 스텔라, 네하 존헨더슨, 데이비드 야덴 등 연구자들에게도 감사를 전합니다. 다른 날도 아닌 크리스마스이브에 엔젤레스 국유림에서 우리와 함께 산림욕을 한 벤 페이지에게도 감사합니다. 또한 다른 여러 방식으로 도움을 주신 분들께 머리 숙여 감사를 전합니다. 여러분의 눈을 통해 반짝이는 것들을 볼 수 있었고 감동이 주는 경이로운 감정이 어떻게 우리 안에서 움트는지 알 수 있었습니다!

사라 함마르크란스의 감사의 말

제 감동 단짝인 카트린에게 무엇보다도 큰 감사를 표하고 싶습니다. 현명하고 사랑스럽고 똑똑한 카트린과 함께할 수 있어서 정말 영광이었습니다. 그녀는 항상 한 발 더 멀리, 더 나은 방식으로, 더 높이에서, 무엇보다도 더 크게 보고 생각하는 사람입니다. 자신의 직관을 온전히 굳게 믿는 창조적인 단어 예술가이기도 합니다. 제가 주저할 때 항상 열의를 보였죠. 다른 누군가가 감동에 대해 말하기도 훨씬 전에 자신을 전율하게 하는 것을 추적해나간 용기 있는 사람입니다. 지금까지 함께 오면서 카트린은 적잖은 명언을 남기기도 했습니다. 처음에 농담 삼아 '스웨덴 감동 팀The Swedish Awe Team'이라고 했는데 미국 출장길에 오를 때 어느덧 우리를 소개하는 문구가 되었더군요. 우리를 '모든 것에 대해 완벽한 조합'이라고 한 것도 빠뜨릴 수 없습니다.

셀 수도 없이 많이 웃었고 그만큼 많이 배웠습니다. 식탁 위에 꽂아둔 꽃에서 출발해 이렇게까지 멀리 오다니요. 정말 엄청난 여정이었습니다. 비할 데 없는 선물이기도 했고요. 감사, 감사, 또 감사합니다!

이전에 함께 책을 쓴 적이 있는 카타리나 블롬Katarina Blom

에게도 감사를 전합니다. 안부를 나누며 원고가 완성되었을 때 가장 먼저 읽어보고 현명한 조언을 해주었죠. 제 사랑하는 아이들 휴고와 헤드빅, 헤드빅의 남자친구인 아담에게도 고맙습니다. 제 최고의 지원군이죠. 크리스티나 셰르닝Cristina Tscherning, 말린 베리스트룀Malin Bergström, 마리아 닐손Maria Nilsson 에게도 귀중한 기록을 공유해주어 감사하다는 말씀을 드립니다. 그리고 제 글쓰기를 철석같이 믿어주는, 제가 긴장을 풀고 약간의 감동을 경험할 수 있도록 해주는 M에게도 감사합니다.

카트린 산드베리의 감사의 말

사라에게 감사의 말을 전합니다. 멈추지 않는 호기심, 불타오르는 정열과 한결같은 열정, 작가로서의 즐거움, 충실함, 원동력, 관심, 전문성, 사교성, 사랑. 사물의 아름다움을 보면서 함께 느꼈던 감정, 새로운 사고방식에 대한 관심을 함께할 수 있어서 무척 기쁩니다. 감동의 선물을 누리고 이를 전파하는 사명이 바로 우리 둘에게 떨어졌다는 사실도요.

　두 명이 함께 한 권의 책을 쓰는 것은 일종의 여행과도 같습니다. 인간으로 존재하는 게 무엇인지를 상당히 많이 배울 수 있는 여행이죠. 이 여행을 통해 얻은 가장 중요한 교훈은 목표는 그저 목표일 뿐이라는 사실입니다. 우리는 항상 같은 목표를 두고 서로 다른 접근법을 취했습니다. 사라의 집은 건물 3.5층에 있습니다. 저는 사라의 집에 가기 위해 엘리베이터를 타고 3층에서 내려서 반 층을 올라가는데 사라는 4층에서 내려 반 층을 내려오더군요. 현관문이라는 목표를 두고 서로 다르게 접근한 거죠. 이게 우리가 협동한 방식을 상징한다고 생각합니다. 저는 '계단을 올라가면서' 사물을 바라보았고 사라는 '계단을 내려오면서' 사물을 바라봤습니다. 처음에는 우리가 보는 방식이 다르다는 사실에 놀랐지만 차츰 정보를 받아들이고 이해하고 비틀기도 했습니다. '아하' 하고 탄성을 지르기도 했고 더 많이 볼 수 있었죠. 이런 경험이 제게는 가장 귀중한 순간이었습니다. 이 모든 게 최종적으로 감동에 대한 한 권의 책으로 이어졌네요. 만세!

오늘 하루, 당신에게 주어진
기적을 발견하라

| 감동(感動):「명사」크게 느끼어 마음이 움직임.

국어사전은 감동을 이렇게 정의하고 있다. 가장 최근에 내 마음을 움직인, 심금을 울리는 경험을 선사한 게 무엇인지 가만히 생각해보자. 무엇이 떠올랐는가? 답은 사람마다 다를 것이다. 감동을 준 대상이 탁 트인 자연처럼 커다란 것일 수도 있고, 어쩌면 죽은 줄만 알았던 식물에 물을 주었더니 새 잎을 틔운 일처럼 작은 것일 수도 있다. 혹은 아주 훌륭한 공연이나 멋진 작품을 보았을 때, 존경할 만한 사람의 이야기를 들었을 때 감동을 느꼈을지도 모른다. 온몸에 짜릿한 전율이 흐르게

하는 것, '우와' 하는 소리가 절로 나오게 하는 모든 것들이 감동의 원천이다.

저자들이 말하다시피 감동을 받기 위해 일부러 '죽기 전에 꼭 가봐야 하는 명소'를 찾아갈 필요는 없다. 어떤 사람들은 그랜드캐니언의 깎아지른 협곡을 바라보며 감동을 받을 수도 있지만, 고소공포증이 있는 사람이라면 오히려 겁을 집어먹게 될 테니 말이다. 마찬가지로 별이 가득한 밤하늘을 바라보며 우주의 광막함에 감동하고 자기 자신이 자그마한 존재임을 느끼며 안정감을 얻는 사람이 있는가 하면, 막막하게 펼쳐진 검은 공간에 공포와 두려움을 느끼는 사람도 있기 마련이다. 내가 어떤 것에 감동을 느낄 수 있는지, 내 감동 레이더가 어떤 것에 반응하는지는 오직 자기 자신만 알 수 있다.

감동은 '생존'에 도움이 된다

그런데 매일같이 삶을 꾸려나가기 위해 눈코 뜰 새 없이 바쁜데, 감동을 굳이 경험해야 할까? 감동이 밥을 먹여주는 것도 아닌데 말이다. 애초에 생존에 필수적인 감정도 아닌데 감동을 왜 느끼는 걸까? ……그런데 잠깐, 정말로 감동이 생존에 불필요한 감정일까?

책에서 살펴보았듯이 감동을 느끼면 스트레스를 덜 받게 되고 더 건강하게 살 수 있다. 다른 사람에게 협조적인 태도를 보이기도 하며, 더 관대하고 너그러워진다. 친환경적인 선택을 하는 경향도 높아진다. 개별 개체인 '개인' 수준에서 보면 이러한 이점들은 살아가는 데 도움은 되겠지만 감동을 느끼지 못한다고 해서 당장 생명이 위험하지는 않다. 하지만 커다란 인간 집단, 인류 차원에서 보면 어떨까? 서로를 배려하고, 조금 더 환경 친화적인 선택을 하며, 건강한 삶을 영위하는 사람이 많아진다고 상상해보자. 감동을 경험하는 사람이 많으면 많을수록 더 살기 좋은 세상이 되지는 않을까?

게다가 감동이 개인의 생존에 도움을 주는 사례도 분명히 있다. 책에서 소개했던 외상후스트레스장애(PTSD)를 겪던 사람들이나 위기 청소년들의 사례를 떠올려보자. 삶의 존속을 위협받던 사람들이 감동을 경험함으로써 계속 살아갈 힘을 얻는다는 사실을 알 수 있다. 물론 감동이 만병통치약은 아니다. 하지만 많은 사람들이 감동을 통해 얻을 수 있는 긍정적인 효과를 경험하고 더 나아가 좀 더 살기 좋은 세상을 만들기 위해 협력한다면, 개인 수준에서든 인류 수준에서든 분명 생존에도 도움이 될 것이다.

평범함 속에 숨어 있는 감동

앞서 말했듯 감동을 느끼기 위해 반드시 어디론가 떠나야 하는 것은 아니다. 책에서 소개된 방법을 활용해 감동 감수성을 높인다면 일상 속에서도 충분히 감동을 느낄 수 있다. 매일 보는 대상이더라도 시선에 따라 전혀 새롭게 다가올 수도 있다. 매일 똑같아 보이는 창밖 풍경도 계절의 흐름에 따라 나무에 꽃이 피고, 새순이 돋고, 단풍이 들었다가 낙엽이 진다. 익숙하기 짝이 없던 풍경도 주의를 기울여 바라보면 시시각각으로 변하는 것들은 물론 전에는 인지하지 못했던 새로운 것들이 눈에 들어온다. 짧은 순간일지라도 주변을 새롭게 인식할 때 느껴지는 감동을 인지해보자. 이런 경험들이 누적되면 팍팍하고 밋밋하게 느껴졌던 삶에 윤택함이 더해지는 것을 느낄 수 있을 것이다.

최근에 책을 읽다가 이런 일상적인 감동에 대해 함축적으로 잘 담은 문장을 만났다. 함께 나누고 싶어 아래에 옮긴다. 또한 이 책을 통해 평범함 속에서 기적을 발견하는 사람이 점점 더 많아지길 희망해본다.

"관습적인 얼굴을 하고 있지만, 사람을 살리는 모멘트가 제 심장

위에 겹칩니다. 우리는 매일 우연 같은 기적을 얼마나 심드렁하게
스쳐 지나가고 있는 걸까요."

— 황모과, 「모멘트 아케이드」

(『밤의 얼굴들』, 허블, 2020, 205쪽)

2021년 4월

김아영

참고 문헌

일러두기

참고 문헌 중 국내에 번역서가 나와 있는 경우에는 번역서의 이름으로 표기했으며 원문으로 표기된 경우에는 아직 번역 출간되지 않은 것입니다.

개별 인터뷰

대커 켈트너, 캘리포니아대학교 버클리캠퍼스 심리학 교수, 2019년 12월 15~22일

라니 시오타, 애리조나주립대학교 사회심리학 부교수, 2019년 12월 13일

미힐 판 엘크, 암스테르담대학교 신경인지학 부교수, 2019년 12월 4일

멜라니 루드, 휴스턴대학교 바우어경영대학 마케팅학 부교수, 2019년 12월 10일

제니퍼 스텔라, 토론토대학교 심리학 부교수, 2020년 2월 27일

네하 존헨더슨, 몬태나주립대학교 신경과학 부교수, 2020년 2월 4일

데이비드 야덴, 펜실베이니아대학교 심리학 연구원, 2020년 2월 19일

벤 페이지, 숲 치유 가이드이자 신린요쿠로스앤젤레스(Shinrin-yoku LA) 및 열린학교협회(The Open School Institute) 설립자, 2019년 12월 24일

제이슨 실바, 미래주의자, 철학자, 영상촬영가, 유튜브 Shots of Awe 운영자, 2020년 2월 24일

리 앤 헤니언, 작가 겸 기자, 2019년 11월 21일

안나 라에스타디우스 라르손, 작가, 2019년 11월 11일

나비드 모디리, 프로그램 리더 겸 대화 행동주의가, 2019년 12월 30일

스테판 에드만, 생물학자, 작가, 강연가, 2019년 12월 11일

구닐라 팔름스티에르나-바이스, 아트 디렉터, 예술가&마르티나 도몬코스 클렘메르, 큐레이터, 2020년 1월 15일

블레이크 마이코스키, 탐스 창업자 겸 전임 CEO, 2019년 12월 21일

들어가는 말

연구 논문

Piff, P. K., Dietze, P., Feinberg, M., Stancato, D. M.,&Keltner, D. (2015): 「Awe, the small self, and prosocial behavior」, Journal of personality and social psychology, 108(6), 883

1장	감동이란 무엇인가? 삶의 고통을 무찌르는 가장 아름다운 힘

연구 논문

Sheldon, K. M., Kashdan, T. B.,&Steger, M. F. (Red). (2010): 「Designing positive psychology: Taking stock and moving forward」, Oxford University Press

Shiota, M. N., Keltner, D.,&Mossman, A. (2007): 「The nature of awe: Elicitors, appraisals, and effects on self-concept」, Cognition and emotion, 21(5), 944‒963

Schurtz, D.R., Blincoe, S., Smith, R.H., Powell, C.A.J., Combs, D.J.Y.,&Kim, S.H. (2012): 「Exploring the social aspects of goosebumps and their role in awe and envy」, Motivation&Emotion, 36, 205 – 217

McPhetres, J. (2019): 「Oh, the things you don't know: awe promotes awareness of knowledge gaps and science interest」, Cognition and Emotion, 33(8), 1599 – 1615

Danvers, A. F.,&Shiota, M. N. (2017): 「Going off script: Effects of awe on memory for script-typical and-irrelevant narrative detail」, Emotion, 17(6), 938

기사 및 링크

Robert Clewis: "Awe & Sublimity", Philosophy Now, https://philosophynow. org/issues/132/Awe_and_Sublimity(인용일: 2020년 3월 15일)

Mike Shanahan: "The Sports Pages of Death", Earth island journal, https:// www.earthisland.org/journal/index.php/articles/entry/awe_may_be_ a_forests_least_known_gift(인용일: 2020년 3월 15일)

서적

『The Science of Awe: A white paper prepared for the John Templeton Foundation』, Summer Allen, The Greater Good Science Center at UC Berkeley, 2018.

『Showings of Julian of Norwich: A New Translation』, M. Starr, Hampton Roads Publishing, 2013.

『Nature and Selected Essays』, R.W. Emerson, Penguin Classics, 2003

2장	감동에는 어떤 힘이 있을까? 자주 감동할수록 특별해지는 9가지 능력

염증 완화 | 몸 안의 염증이 사라진다

연구 논문

Stellar, J. E., John-Henderson, N., Anderson, C. L., Gordon, A. M., McNeil, G. D.,&Keltner, D. (2015): 「Positive affect and markers of inflammation:

Discrete positive emotions predict lower levels of inflammatory cytokines」, Emotion, 15(2), 129

기사 및 링크

Jayney Goddard: "The anti-inflammatory effects of a sense of awe and wonder" CMA, https://www.the-cma.org.uk/Articles/The-antiinflammatory-effects-of-a-sense-of-awe-and-wonder-6099(인용일: 2020년 3월 15일)

Katherine Gould: "The Vagus Nerve: Your Body's Communication Superhighway" Lives cience, https://www.livescience.com/vagus-nerve.html(인용일: 2020년 3월 15일)

스트레스 감소 | 삶의 문제가 사소해진다

연구 논문

Stellar, J. E., John-Henderson, N., Anderson, C. L., Gordon, A. M., McNeil, G. D.,&Keltner, D. (2015): 「Positive affect and markers of inflammation: Discrete positive emotions predict lower levels of inflammatory cytokines」, Emotion, 15(2), 129

Rankin, K., Andrews, S. E.,&Sweeny, K. (2019): 「Awe-full uncertainty: Easing discomfort during waiting periods」, The Journal of Positive Psychology, 1-10.

Anderson, C. L., Monroy, M.,&Keltner, D. (2018): 「Awe in nature heals: Evidence from military veterans, at-risk youth, and college students」, Emotion, 18(8), 1195

기사 및 링크

Michael Behar: "What The Heck is Awe and Why is It So Powerful?", Men's health, https://www.menshealth.com/health/a27545758/the-health-benefits-ofawe(인용일: 2020년 3월 15일)

John Warren: "An 'awe-full' state of mind may set you free", UC riverside, https://news.ucr.edu/articles/2019/06/21/awe-full-state-mind-may-set-you-free(인용일: 2020년 3월 15일)

시간 증가 | 더 나은 결정을 내릴 수 있다

연구 논문

Rudd, M., Vohs, K. D.,&Aaker, J. (2012): 「Awe expands people's perception of time, alters decision making, and enhances well-being」, Psychological science, 23(10), 1130–1136

van Elk, M.,&Rotteveel, M. (2019): 「Experimentally induced awe does not affect implicit and explicit time perception」, Attention, Perception&Psychophysics, 1–12

기사 및 링크

Helen Chang: "Moments of Awe Affect Our Perception of Time According to Research at Stanford Business School", Business Wire, https://www.businesswire.com/news/home/20120718006636/en/Moments-Awe-Affect-Perception-Time-Research-Stanford(인용일: 2020년 3월 15일)

Paula Felps: "Embracing Awe", Live Happy, https://www.livehappy.com/science/embracing-awe(인용일: 2020년 3월 15일)

학습 능력 | 지식을 적극적으로 습득한다

연구 논문

Fredrickson, B. L. (2001): 「The role of positive emotions in positive psychology: The broaden-and-build theory of positive emotions」, American psychologist, 56(3), 218

Estrada CA, Isen AM, Young MJ. (1997): 「Positive affect facilitates integration of information and decreases anchoring in reasoning among physicians」, Organizational Behavior and Human Decision Processes, 72(1), 117–135

Valdesolo, P., Shtulman, A.,&Baron, A. S. (2017): 「Science is awe-some: The emotional antecedents of science learning」, Emotion Review, 9(3), 215–221

McPhetres, J. (2019): 「Oh, the things you don't know: awe promotes awareness of knowledge gaps and science interest」, Cognition and Emotion, 1–17

Gottlieb, S., Keltner, D.,&Lombrozo, T. (2018): 「Awe as a scientific emotion」, Cognitive science, 42(6), 2081 - 2094

호기심 | 더 많은 기회를 발견한다

연구 논문

Chirico, A., Glaveanu, V. P., Cipresso, P., Riva, G.,&Gaggioli, A. (2018): 「Awe enhances creative thinking: an experimental study」, Creativity Research Journal, 30(2), 123 - 131

Rudd, M., Hildebrand, C.,&Vohs, K. D. (2018): 「Inspired to create: Awe enhances openness to learning and the desire for experiential creation」, Journal of Marketing Research, 55(5), 766 - 781

Anderson, C. L., Dixson, D. D., Monroy, M.,&Keltner, D. (2019): 「Are awe prone people more curious? The relationship between dispositional awe, curiosity, and academic outcomes」, Journal of personality

Zhang, J. W., Anderson, C. L., Razavi, P., Mello, Z., Shaban Azad, H., Monroy, M.,&Keltner, D. (2017): 「Trait and state based experience of awe promotes creativity」, Doctoral dissertation, University of California, Berkeley

이타심 | 자기중심적 사고에서 벗어난다

연구 논문

van Elk, M., Arciniegas Gomez, M. A., van der Zwaag, W., van Schie, H. T.,&Sauter, D. (2019): 「The neural correlates of the awe experience: Reduced default mode network activity during feelings of awe」, Human brain mapping, 40(12), 3561 - 3574

Killingsworth, M. A.,&Gilbert, D. T. (2010): 「A wandering mind is an unhappy mind」, Science, 330(6006), 932 - 932

기사 및 영상

Anneli Godman: "Vad gör hjärnan när den är ledig?", Motivation Se, https://www.motivation.se/innehall/vad-gor-hjarnan-nar-den-ar-ledig(인용일: 2020년 3월 15일)

Kelly mcgonigal: "How to make stress your friend", TED, https://www.ted.com/talks/kelly_mcgonigal_how_to_make_stress_your_friend(인용일: 2020년 3월 15일)

사회성 | 타인을 열린 마음으로 대한다

연구 논문

Piff, P. K., Dietze, P., Feinberg, M., Stancato, D. M.,&Keltner, D. (2015): 「Awe, the small self, and prosocial behavior」, Journal of Personality and Social Psychology, 108(6), 883 – 899

Yang, Y., Yang, Z., Bao, T., Liu, Y.,&Passmore, H. A. (2016): 「Elicited awe decreases aggression」, Journal of Pacific Rim Psychology, 10

Li, J. J., Dou, K., Wang, Y. J.,&Nie, Y. G. (2019): 「Why awe promotes prosocial behaviors? The mediating effects of future time perspective and self-transcendence meaning of life」, Frontiers in psychology, 10

Prade, C.,&Saroglou, V. (2016): 「Awe's effects on generosity and helping」, The Journal of Positive Psychology, 11(5), 522 – 530

Joye, Y.,&Bolderdijk, J. W. (2015): 「An exploratory study into the effects of extraordinary nature on emotions, mood, and prosociality」, Frontiers in psychology, 5, 1577

기사 및 링크

Adam Hoffman: "How Awe Makes Us Generous", Greater Good, https://greatergood.berkeley.edu/article/item/how_awe_makes_us_generous(인용일: 2020년 3월 15일)

삶의 만족감 | 하루하루가 가치 있다고 생각한다

연구 논문

Keltner, D.,&Haidt, J. (2003): 「Approaching awe, a moral, spiritual, and aesthetic emotion」, Cognition and emotion, 17(2), 297 – 314

Zhao, H., Zhang, H., Xu, Y., He, W.,&Lu, J. (2019): 「Why are people high in dispositional awe happier? The roles of meaning in life and materialism」, Frontiers in psychology, 10, 1208

Tian, Y.,&Lu, D. (2015): 「The Experimental Research on the Influence of Materialism and the Emotion of Awe on Life Satisfaction and Products Preference」, Open Journal of Social Sciences,3(10), 138

환경 감수성 | 자연을 더욱 아끼게 된다
연구 논문

Wang, L., Zhang, G., Shi, P., Lu, X.,&Song, F. (2019): 「Influence of Awe on Green Consumption: The Mediating Effect of Psychological Ownership」, Frontiers in psychology, 10

3장
자연이 주는 감동
노을, 바다, 숲이 가진 치유의 힘

연구 논문

Kuo, M. (2015): 「How might contact with nature promote human health? Promising mechanisms and a possible central pathway」, Frontiers in psychology, 6, 1093

Edwards, A. R. (2019): 「Renewal: How Nature Awakens Our Creativity, Compassion, and Joy」, New Society Publishers

Hansen, M. M., Jones, R.,&Tocchini, K. (2017): 「Shinrin-yoku(forest bathing) and nature therapy: A state-of-the-art review」, International journal of environmental research and public health, 14(8), 851

Li, Q., Morimoto, K., Nakadai, A., Inagaki, H., Katsumata, M., Shimizu, T., Hirata, Y., Hirata, K., Suzuki, H., Miyazaki, Y., Kagawa, T., Koyama, Y., Ohira, T., Takayama, N., Krensky, A.M., Kawada, T. (2007): 「Forest bathing enhances human natural killer activity and expression of anti-cancer proteins」, International journal of immunopathology and pharmacology, 20(2_suppl), 3 – 8

Anderson, C. L., Monroy, M.,&Keltner, D. (2018): 「Awe in nature heals:

Evidence from military veterans, at-risk youth, and college students」,
Emotion,18(8), 1195

기사 및 링크

"Spending Time in Nature Makes People Feel More Alive, Study Shows",
University of Rochester, http://www.rochester.edu/news/show.
php?id=3639(인용일: 2020년 3월 15일)

Helen Armitage: "10 Awe-Inspiring Places To Watch The Sunset", The
culture trip, https://theculturetrip.com/north-america/usa/articles/10-
awe-inspiring-places-to-watch-the-sunset(인용일: 2020년 3월 15일)

Stacy Bare: "BTU #268 - How the Outdoors Saved My Life", Beyond
the uniform, https://beyondtheuniform.org/blog/btu-268-how-the-
outdoors-saved-my-life-stacy-bare?rq=outdoor(인용일: 2020년 3월 15
일)

Jake Abrahamson: "The Science of Awe", Sierra club, https://www.
sierraclub.org/sierra/2014-6-november-december/feature/science-
awe(인용일: 2020년 3월 15일)

Jeremy Adam Smith: "The Benefits of Feeling Awe", Greater good, https://
greatergood.berkeley.edu/article/item/the_benefits_of_feeling_awe(인용
일: 2020년 3월 15일)

Ivan de Luce: "Something profound happens when astronauts see
Earth from space for the first time", Business Insider, https://www.
businessinsider.com/overview-effect-nasa-apollo8-perspective-
awareness-space-2015-8(인용일: 2020년 3월 15일)

Becky Ferreira: "Seeing Earth from Space Is the Key to Saving Our Species
from Itself", VICE, https://www.vice.com/en/article/bmvpxq/to-
savehumanity-look-at-earth-from-space-overview-effect(인용일: 2020
년 3월 15일)

영상 및 사이트

"Stacy Bare: Why Veterans Should Get Outdoors", https://www.youtube.
com/watch?v=0lXRBjw1-nc(인용일: 2020년 3월 15일)

"Yosemitebear Mountain Double Rainbow 1-8-10", https://www.youtube.

com/watch?v=OQSNhk5ICTI(인용일: 2020년 3월 15일)

"Nature&Forest Therapy", https://www.natureandforesttherapy.org(인용일: 2020년 3월 15일)

서적

『2019 National Veteran Suicide Prevention Annual Report』, Office of Mental Health and Suicide Prevention, US Departments of Veteran Affairs

『Nature and Selected Essays』, R.W Emerson, Penguin Classics, 2003.

4장	사람이 주는 감동
	평범한 사람들의 경이로운 선택과 행동

연구 논문

Stellar, J. E., Gordon, A., Anderson, C. L., Piff, P. K., McNeil, G. D.,&Keltner, D. (2018): 「Awe and humility」, Journal of Personality and Social Psychology, 114(2), 258－269

Stellar, J. E., Gordon, A. M., Piff, P. K., Cordaro, D., Anderson, C. L., Bai, Y., ...&Keltner, D. (2017): 「Self-transcendent emotions and their social functions: Compassion, gratitude, and awe bind us to others through prosociality」, Emotion Review, 9(3), 200－207

Graziosi, M.,&Yaden, D. (2019): 「Interpersonal awe: Exploring the social domain of awe elicitors」, The Journal of Positive Psychology, 1－9

Berger, J.,&Milkman, K. L. (2010): 「Social transmission and viral culture」, Preprint. Retrieved August, 28

기사 및 링크

Matthew Shaer: "What Emotion Goes Viral the Fastest?", Smithsonian, https://www.smithsonianmag.com/science-nature/what-emotion-goes-viral-fastest-180950182(인용일: 2020년 3월 15일)

Liz Rees-Jones, Katherine L. Milkman, Jonah Berger: "The Secret to Online

Success: What Makes Content Go Viral", Scientific American, https://www.scientificamerican.com/article/the-secret-to-online-success-what-makes-content-go-viral(인용일: 2020년 3월 15일)

Michelle Derblom Jobe: "Greta, 15, sittstrejkar för klimatet: Vår tids ödesfråga" SVT, https://www.svt.se/nyheter/lokalt/stockholm/greta-thunberg-15-klimatfragan-ar-var-tids-odesfraga(인용일: 2020년 3월 18일)

Alex Hartelius: "Greta Thunberg berättar om diagnosen i 'Skavlan'", AFTONBLADET, https://www.aftonbladet.se/nojesbladet/a/zLoeb1/greta-thunberg-berattar-om-diagnosen-i-skavlan(인용일: 2020년 3월 18일)

A.J Samuels: "Marina Abramović: The Artist is Present, and Overwhelmingly So" The culture trip, https://theculturetrip.com/europe/serbia/articles/marina-abramovi-the-artist-is-present-and-overwhelmingly-so(인용일: 2020년 3월 18일)

서적

『The Science of Awe: A white paper prepared for the John Templeton Foundation』, Summer Allen, The Greater Good Science Center at UC Berkeley, 2018.

『선의 탄생: 나쁜 놈들은 모르는 착한 마음의 비밀』, 대커 켈트너, 하윤숙 옮김, 옥당, 2011.

5장   **탁월함이 주는 감동**
극한을 뛰어넘는 재능과 전문성

연구 논문

Berger, J.,&Milkman, K. L. (2013): 「Emotion and virality: what makes online content go viral?」, GfK Marketing Intelligence Review, 5(1), 18–23.

Van Cappellen, P., Saroglou, V., Iweins, C., Piovesana, M.,&Fredrickson, B. L. (2013): 「Self-transcendent positive emotions increase spirituality through basic world assumptions」, Cognition&emotion, 27(8), 1378-1394

Negami, H. (2016): 「Awe-inducing interior space: Architectural causes and cognitive effects (Master's thesis, University of Waterloo)」

Bermudez, J., Krizaj, D., Lipschitz, D. L., Bueler, C. E., Rogowska, J., Yurgelun-Todd, D.,&Nakamura, Y. (2017): 「Externally-induced meditative states: an exploratory fMRI study of architects' responses to contemplative architecture」, Frontiers of architectural research, 6(2), 123-136

Stancato, D. M.,&Keltner, D. (2019): 「Awe, ideological conviction, and perceptions of ideological opponents」, Emotion

기사 및 링크

John Tierney: "Will You Be E-Mailing This Column? It's Awesome" The New york times, https://www.nytimes.com/2010/02/09/science/09tier. html(인용일: 2020년 3월 18일)

Maeve Mcdermott: "Odd duck to diva: How Susan Boyle became an unlikely star 10 years ago" USA TODAY, https://www.usatoday.com/ story/life/music/2019/04/11/susan-boyles-iconic-i-dreamed-dream-performance-turns-10/3426767002(인용일: 2020년 3월 18일)

Constance Grady: "Cirque du Soleil and the neuroscience of awe", Vox, https://www.vox.com/culture/2019/1/10/18102701/cirque-du-soleil-lab-of-misfits-neuroscience-awe(인용일: 2020년 3월 18일)

영상 및 사이트

"CIRQUE DU SOLEIL", https://www.cirquedusoleil.com/

"Official Trailer "O" by Cirque du Soleil Show", https://www.youtube.com/ watch?v=8JUgCC9mh0A(인용일: 2020년 3월 20일)

"Susan Boyle's First Audition 'I Dreamed a Dream' | Britain's Got Talent", https://www.youtube.com/watch?v=yE1Lxw5ZyXk(인용일: 2020년 3월 18 일)

"How we experience awe -- and why it matters ", https://www.ted.com/

talks/beau_lotto_and_cirque_du_soleil_how_we_experience_awe_and_
why_it_matters(인용일: 2020년 3월 18일)

서적

『팩트풀니스』, 한스 로슬링, 올라 로슬링, 안나 로슬링 뢴룬드, 이창신 옮김, 김영
사, 2019.

<table>
<tr><td>6장</td><td>예술이 주는 감동
삶을 뒤흔드는 예술적 황홀함</td></tr>
</table>

연구 논문

Schindler I., Hosoya G., Menninghaus W., Beermann U., Wagner V., Eid M.
et al. (2017): Measuring aesthetic emotions: A review of the literature
and a new assessment tool」, PLoS ONE 12(6): e0178899

Rudd, M., Hildebrand, C.,&Vohs, K. D. (2018): 「Inspired to create: Awe
enhances openness to learning and the desire for experiential creation」,
Journal of Marketing Research, 55(5), 766 – 781

Rudd, M., Vohs, K. D.,&Aaker, J. (2012): 「Awe expands people's perception
of time, alters decision making, and enhances well-being」, Psychological
science, 23(10), 1130 – 1136

Pilgrim, L., Norris, J. I.,&Hackathorn, J. (2017): 「Music is awesome:
Influences of emotion, personality, and preference on experienced awe」,
Journal of Consumer Behaviour, 16(5), 442 – 451

Quesnel, D., Stepanova, E. R., Aguilar, I. A., Pennefather, P.,&Riecke, B. E.
(2018): 「Creating AWE: artistic and scientific practices in research-based
design for exploring a profound immersive installation」, IEEE Games,
Entertainment, Media Conference (GEM) 1 – 207. IEEE

Piff, P. K., Dietze, P., Feinberg, M., Stancato, D. M.,&Keltner, D. (2015): 「Awe,
the small self, and prosocial behavior」, Journal of personality and social

psychology, 108(6), 883

Stancato, D. M.,&Keltner, D. (2019): 「Awe, ideological conviction, and perceptions of ideological opponents」, Emotion

기사 및 링크

Blake Eligh: "Putting stock in awe: U of T researcher explores impact of positive emotions on your health" University of Toronto, https://www.utoronto.ca/news/putting-stock-awe-u-t-research(인용일: 2020년 3월 18일)

Maria Bergom Larsson: "Vår oändliga inre arkitektur", AFTONBLADET, https://www.aftonbladet.se/kultur/bokrecensioner/a/J1x7a6/var-oandliga-inre-arkitektur(인용일: 2020년 3월 21일)

영상

"Art and awe as healing", https://www.ted.com/talks/jennifer_allison_art_and_awe_as_healing(인용일: 2020년 3월 18일)

"Can Awe Combat Narcissism?", https://www.youtube.com/watch?v=w7Q7wTt4IbA(인용일: 2020년 3월 21일)

"The Revered Gaze", https://www.youtube.com/watch?v=tRFt_bO8mIs

7장

공동체 의식이 주는 감동
하나로 연결되어 있다는 희열감

연구 논문

Gabriel, S., Naidu, E., Paravati, E., Morrison, C. D.,&Gainey, K. (2020): 「Creating the sacred from the profane: Collective effervescence and everyday activities」, The Journal of Positive Psychology, 15(1), 129-154

기사 및 링크

Antonia Backlund: "Forskare: Här är varför människan alltid velat gå ut och dansa", Nyheter24, https://nyheter24.se/nyheter/forskning/857844-

forskare-har-ar-varfor-manniskan-alltid-velat-ga-ut-och-dansa(인용
일: 2020년 3월 18일)

Drake Baer: "The Primordial Reason People Need to Party", The cut, https://
www.thecut.com/2017/01/why-being-partof-a-crowd-feels-so-good.
html(인용일: 2020년 3월 18일)

8장	**평생 호기심을 유지하는 법** 감동과 호기심의 상관관계에 대하여

9장	**같은 길을 걸어도 다른 세상을 보는 법** 일상 속에서 할 수 있는 감동 훈련법

연구 논문

Anderson, C. L., Dixson, D. D., Monroy, M.,&Keltner, D. (2019): 「Are awe
prone people more curious? The relationship between dispositional
awe, curiosity, and academic outcomes」, Journal of personality

McPhetres, J. (2019): 「Oh, the things you don't know: awe promotes
awareness of knowledge gaps and science interest」, Cognition and
Emotion, 33(8), 1599-1615

Dao, A. (2016): 「Emotional and Social Responses to Stargazing: What Does
It Mean To Lose the Dark?」

Edwards, A. R. (2019): 「Renewal: How Nature Awakens Our Creativity,
Compassion, and Joy」, New Society Publishers

기사 및 링크

Henry David Thoreau: "Walking", The Atlanic, https://www.theatlantic.com/
magazine/archive/1862/06/walking/304674(인용일: 2020년 3월 18일)

Justine Costigan: "A guide to stargazing at Uluru – the ultimate night sky
show in the Northern Territory", Jetstar, https://www.jetstar.com/nz/en/

inspiration/articles/northern-territory-stargazing-at-uluru(인용일: 2020
년 3월 18일)

Sarah Digiulio: "Why scientists say experiencing awe can help you live
your best life" Better, https://www.nbcnews.com/better/lifestyle/
why-scientists-say-experiencing-awe-can-help-you-live-your-
ncna961826?fbclid=IwAR2J(인용일: 2020년 3월 18일)

사이트

"Greater Good Science Center", https://ggsc.berkeley.edu

"Jonna Jinton", https://jonnajinton.se

서적

『관찰의 인문학: 같은 길을 걸어도 다른 세상을 보는 법』, 알렉산드라 호로비츠,
박다솜 옮김, 시드페이퍼, 2015.

『원더러스트: 발걸음 옮기기』, 리베카 솔닛, 김정아 옮김, 반비, 2017.

『Curious? Discover the missing ingredient to a fulfilling life』, Kashdan, T.,
William Morrow&Co, 2009.

『The Art of Breathing』, Danny Penman, HQ, 2016.

『OH magazine issue 51』, 「Moonwalkers」, Emma Pritchard, 2019.

10장	미래 기술과 감동의 결합
	더 나은 세상을 위한 감동 활용법

연구 논문

Johnson, M. W.,&Griffiths, R. R. (2017): 「Potential therapeutic effects of
psilocybin」, Neurotherapeutics, 14(3), 734−740

Grob, C. S., Bossis, A. P.,&Griffiths, R. R. (2013): 「Use of the classic
hallucinogen psilocybin for treatment of existential distress associated
with cancer」, In Psychological aspects of cancer (pp.291−308). Springer,
Boston, MA

Jungaberle, H., Thal, S., Zeuch, A., Rougemont-Bücking, A., von Heyden, M., Aicher, H.,&Scheidegger, M. (2018): 「Positive psychology in the investigation of psychedelics and entactogens: A critical review」, Neuropharmacology, 142, 179－199

Hendricks, P. S. (2018): 「Awe: a putative mechanism underlying the effects of classic psychedelic-assisted psychotherapy」, International Review of Psychiatry, 30(4), 331－342

Quesnel, D.,&Riecke, B. E. (2018): Are you awed yet? How virtual reality gives us awe and goose bumps」, Frontiers in psychology, 9, 2158

Chirico, A., Ferrise, F., Cordella, L.,&Gaggioli, A. (2018): 「Designing awe in virtual reality: An experimental study」, Frontiers in psychology, 8, 2351

기사 및 링크

"Scientists attempt to recreate 'Overview effect' from Earth", The Guardian Ian Sample, https://www.theguardian.com/science/2019/dec/26/scientists-attempt-to-recreate-overview-effect-from-earth(인용일: 2020년 3월 15일)

"The Power of Awe: Putting Its Benefits to Work", Wharton University of Pennsylvania, https://executiveeducation.wharton.upenn.edu/thought-leadership/wharton-at-work/2017/07/the-power-of-awe(인용일: 2020년 3월 18일)

Homaira Kabir: "Why We Need To Cultivate Awe In The Workplace", Daily Good, http://www.dailygood.org/story/1342/why-we-needto-cultivate-awe-in-the-workplace(인용일: 2020년 3월 18일)

Mette Carlbom: "Magiska svampar på recept", Forskning, https://www.forskning.se/2019/10/03/magiska-svampar-pa-recept(인용일: 2020년 3월 18일)

Eve Ekman, Gabrielle Aginliebes: "Can a Psychedelic Experience Improve Your Life?", Greater Good, https://greatergood.berkeley.edu/article/item/can_a_psychedelic_experience_improve_your_life(인용일: 2020년 3월 20일)

Stephen Buranyi: "How Psychedelic Drugs Could Help Treat Addiction",

VICE, https://www.vice.com/en/article/bmvdnm/how-psychedelic-drugs-psilocybin-lsd-could-help-treat-addiction(인용일: 2020년 3월 18일)

영상 및 사이트

"Overview Institute", https://overviewinstitute.org(인용일: 2020년 3월 18일)

"THE FUTURE OF AWE: Jason Silva on Artificial Intelligence, Biotech, and Singularity", https://www.youtube.com/watch?v=hm6cZ-7zEBE

반짝이는 눈으로 덮인 산꼭대기를 보며 감동하는

사라 함마르크란스 Sara Hammarkrantz

심리학과 과학, 리더십 분야의 새로운 지식을 소개하는 프리랜서 기자이다. 또한 심리학의 새로운 연구 동향인 긍정심리학에 대해 소개하는 책 『진정으로 행복해지기Lycka på fullt allvar』의 공저자이다. 첫 책을 출간한 이후에도 어떤 감정이 삶을 행복하게 만드는지 궁금했던 그는 긍정적인 감정 중에서 '감동'에 주목했고 최신 연구를 찾아 소개하는 기사를 썼다. 그가 쓴 기사는 SNS에서 수없이 공유되며 대중들의 폭발적인 공감을 얻었다. 그 일을 계기로 감동의 힘을 세상에 더 많이 알리겠다고 생각한 그는 스토리 코치 카트린 산드베리와 함께 감동에 대한 모든 서적과 연구 자료를 읽고 각국의 감동 연구자들을 만나 인터뷰했다. 『자주 감동받는 사람들의 비밀』(원제: 감동의 효과FÖRUNDRANSEFFEKTEN)은 오랜 기간 그들이 추적한 감동의 비밀을 집대성한 책으로 "삶의 수준을 한 단계 끌어올렸다"는 평을 받으며 스웨덴 전역에 감동의 힘을 퍼뜨렸다.

꽃의 아름다움과 빛의 일렁임에 감동하는

카트린 산드베리 Katrin Sandberg

스웨덴 최대 여성 네트워크인 포굿(4good)의 공동 창립자이자 개인의 브랜딩을 돕는 스토리 코치다. 그는 고객들의 스토리텔링을 돕기 위해 그들의 이야기 속에서 긍정적인 경험과 감정을 찾아내던 중에 그들이 무언가에 감동했던 일에 대해 이야기할 때마다 굉장히 특별한 에너지를 뿜어내는 것을 발견했다. 그 어떤 것에 대해 이야기할 때보다 황홀함과 열정으로 벅차오르는 모습을 보며 감동이 실제로 사람에게 미치는 영향에 대해 궁금해졌다. 그때 마침 친구인 사라 함마르크란스 역시 감동이 가진 힘에 대해 호기심이 있다는 것을 알게 되었고 그와 함께 감동에 대한 탐구를 시작했다. 『자주 감동받는 사람들의 비밀』을 통해 많은 사람들이 스스로에게 '감동'을 선물하게 되길 바란다.

김아영

한국외국어대학교 영어통번역학 및 스칸디나비아어학을 전공했다. 스웨덴 스톡홀름에서 2년 살았고, 현재 프리랜서 번역가로 스웨덴어, 일본어, 영어를 우리말로 옮기고 있다. 옮긴 책으로는 『인스타 브레인』, 『어린이를 위한 페미니즘』, 『스웨덴 엄마의 말하기 수업』, 『K · N의 비극』, 『나쁜 날씨만 계속되는 세상은 없어!』 등이 있다.

자주
감동받는
사람들의
비밀

1판 1쇄 인쇄 | 2021년 5월 3일
1판 1쇄 발행 | 2021년 5월 10일

지은이 | 사라 함마르크란스, 카트린 산드베리
옮긴이 | 김아영
발행인 | 김태웅
기획편집 | 박지호, 이주영
외부기획 | 민혜진
디자인 | design PIN
마케팅 총괄 | 나재승
마케팅 | 서재욱, 김귀찬, 오승수, 조경현, 김성준
온라인 마케팅 | 김철영, 임은희, 장혜선, 김지식
인터넷 관리 | 김상규
제 작 | 현대순
총 무 | 안서현, 최여진, 강아담, 김소명
관 리 | 김훈희, 이국희, 김승훈, 최국호

발행처 | (주)동양북스
등 록 | 제2014-000055호
주 소 | 서울시 마포구 동교로22길 14 (04030)
구입 문의 | 전화 (02)337-1737 팩스 (02)334-6624
내용 문의 | 전화 (02)337-1739 이메일 dymg98@naver.com

ISBN 979-11-5768-703-9 03180